MI EXPERIENCIA EN EL CORONAVIRUS

PASTORA MARILYN GARCIA

WESTBOW
PRESS®
A DIVISION OF THOMAS NELSON
& ZONDERVAN

Puede hacer pedidos de libros de WestBow Press en librerías o poniéndose en contacto con:

WestBow Press
A Division of Thomas Nelson & Zondervan
1663 Liberty Drive
Bloomington, IN 47403
www.westbowpress.com
844-714-3454

ISBN: 978-1-6642-5295-0 (tapa blanda)
ISBN: 978-1-6642-5297-4 (tapa dura)
ISBN: 978-1-6642-5296-7 (libro electrónico)

Número de Control de la Biblioteca del Congreso: 2022901501

Información sobre impresión disponible en la última página.

Fecha de revisión de WestBow Press: 1/26/2022

INDICE

PRIMER MOMENTO

EMPECÉ CON MIS AYUNOS

ORIENTADO POR EL ESPÍRITU SANTO

ORIENTADO POR EL ESPÍRITU SANTO PARTE 2

PRESENCIA DE ESTRUENDO

NO ES LA ORACIÓN QUE ESPERABA

PUNTOS DE MALDICIONES Y QUEBRANTOS

INTRODUCCIÓN

Este libro habla acerca de mis grandes experiencias con Dios y el Espíritu Santo. Haciéndome entender más cosas de su poder y de su gloria en mi vida. Y descubriendo que lo impedía. Llevándome a experiencias impactantes al igual que lo maravilloso de su poder. Y el deseo de que todos lleguemos a niveles espirituales más altos. No solo en un púlpito, mucha gente, grandes dones, fama, prestigio o economía. Si no llegando a conocer a Dios en una relación profunda y prospera con Él. Conociendo más a Dios, por lo tanto más al Espíritu Santo. Mostrándome cosas maravillosas sobre Él, en mi vida y que lo impedía. Con visiones, acontecimientos que vendrán para el mundo y la posición que debemos de tomar. Usando un tiempo de crisis, enfermedad y angustia como ha sido la plaga del Coronavirus. Algo tan trágico para llevar al pueblo de Dios a la recamara y a los que no le tienen al arrepentimiento.

Espero que con el poder de Dios al leerlo seas llevado al poder de su espíritu y a tomar la nueva armadura que él tiene para ti. No es ciencia ficción o drama es la gloria de Dios derramada para ti y el conocimiento de los engaños del mundo y su política.

AGRADECIMIENTOS

Doy gracias a Dios y al maravilloso Espíritu Santo que con tanto amor, gran misericordia y paciencia me llevó a esta profundidad. Para poder compartirla a aquellos grupos de intercesores que oran por mi y este libro, planeado por Dios en mi y en los demás. Gracias a las Iglesias Shalom Adonaí (USA/Argentina) y a la Pastora Ivelissis Salgado por su apoyo, comprensión y tiempo. También a mi nieto Ezekiel Montalvo que con tan solo 9 años de edad con diferentes opiniones y observaciones en su diario vivir Dios lo usaba sin saberlo. Y a ti por creer en las estrategias y visiones que Dios me ha dado.

Gracias y que Dios los bendiga.

SALMO 21

El rey se alegra en tu poder,
Oh Jehová;
Y en tu salvación, cómo se goza!

Le has concedido el deseo de su
corazón,
Y no le negaste la petición de
sus labios.

Porque le has salido al encuentro
Con bendiciones de bien;
Corona de oro fino has puesto
sobre su cabeza.

Vida te demandó, y se la diste;
Largura de días eternamente y
para siempre.

Grande es su gloria en tu
salvación;
Honra y majestad has puesto
sobre él.

Porque lo has bendecido para
siempre;
Lo llenaste de alegría con tu
presencia.

Por cuanto el rey confía en
Jehová,
Y en la misericordia del
Altísimo, no será conmovido.

Alcanzará tu mano a todos tus
enemigos;
Tu diestra alcanzará a los que te
aborrecen.

Los pondrás como horno de
fuego en el tiempo de tu ira;
Jehová los deshará en su ira,
Y fuego los consumirá.

Su fruto destruirás de la tierra,
Y su descendencia de entre los
hijos de los hombres.

Porque intentaron el mal
contra ti;
Fraguaron maquinaciones, mas
no prevalecerán,

Pues tu los pondrás en fuga;
En tus cuerdas dispondrás saetas
contra sus rostros.

Engrandécete, oh Jehová, en
Tu poder;
Cantaremos y alabaremos tu
poderío.

CAPITULO 1

PRIMER MOMENTO

En mi primer momento la expectativa de todo lo que sucedía a mi alrededor, una plaga mortal había tocado la tierra. La angustia y la desesperación tocaba nuestras puertas. Miles de muertos por el coronavirus y un gobierno que nos informaba tarde de lo que estaba ocurriendo a nuestro alrededor. Pero con un Dios grande, fuerte y valiente, que llevaba aproximadamente desde el 2010 avisándonos que algo terrible vendría para el mundo. Y nos orientaba de lo que había que guardar y empacar por lo que iba a suceder. Aunque Dios nos hablaba de lo que iba a suceder y me decía que preparáramos cajas, por mi mente pasaba que sería una catástrofe de la naturaleza ya que él me hablaba que estaríamos encerrados. Pero nunca pensé que hubiera sido el coronavirus. Pero aun así obedecimos por algún tiempo, preparamos cajas y recolectamos todo lo que podíamos. Y en medio de algunas personas que sugestionaban lo que Dios nos había dicho, pero seguíamos por un tiempo. Pero lamentablemente nos detuvimos.

Apartábamos y llevábamos cosas pero no con la fluidez y interés de antes. Es muy triste decirlo pero así fue. Pero como al tiempo de un mes Dios hablaba y trataba a mi vida donde me encontraba en Mexicali, y me decía que teníamos que seguir guardando porque algo grande se aproximaba. Así que inmediatamente hable con la co-pastora y luego con una de nuestras pastoras y le dije lo que Dios me estaba hablando. Y no pude luego terminar la conversación.

Al otro día predicaba en California y hablé de lo que el Señor me había hablado. Que algo grande venia para el mundo. Que guardaran comida y preservaran. También me decía que guardáramos medicinas y mencionaba los productos que él quería que se guardaran. Pero que también luego de esto se levantaría un avivamiento tremendo en el pueblo de Dios. Las iglesias se llenarían y grandes sanidades veríamos. Un ejército poderoso con armaduras nuevas también se levantaría y aun aquellos que tuvieran las armaduras escondidas llenas de polvo las sacarían y las usarían y se pondrían en pie de batalla.

Al regresar de mi viaje a Massachusetts así fue, no había pasado como un mes y así ocurrió.

Hoy nos encontramos en medio de una pandemia; el mundo, los científicos, los gobiernos, los millonarios y los médicos peleaban. Pero la pregunta era contra quien peleaban?

Donde estaba ese enemigo. Qué triste es pelear con un enemigo que no ves. Es como un boxeador que no ve, tirando golpes al aire luego de recibir unos golpes tan fuertes en su rostro y en sus ojos. Así llegaba el mundo a una desesperación.

En especial aquellos que pensaban que tendrían
el control y el poder.

Y llegamos a la palabra que cristianos o no cristianos en su
desesperación dicen; la última palabra la tiene Dios o quizás;
Dios es el único que puede ayudarnos.

Aquí me encuentro impactada por lo que estaba pasando,
recolectando en las tiendas comida y medicinas lo que se
podría encontrar. Haciendo grandes filas en los supermercados
y personas golpeándose por un papel higiénico, alcohol y
sanitizer. Para después llegando luego a mi hogar me notifican
que las iglesias tienen que cerrar. Me dispongo a notificar que
tenemos que cerrar, pues el contagio era extremo y mortal.

Con pena e incertidumbre paramos los cultos al principio.
Era como una pauta, un silencio y una gran expectativa. Quizás
de dos semanas pero no fue así. Y en esos momentos de encierros
en mi apartamento con mi nieto, comprendí que había una cita
con Dios. En diferentes cuartos del espíritu; en ayuno, la oración,
la paz, el amor, el poder, rectitud, gloria, rompimiento, quebranto
interior y en una visión sobrenatural. No solo sobre niveles
espirituales, bendiciones o dones en tu vida. Si no una visión de
cosas que hay en ti y no sabes que están. Y no te has dado cuenta
que han sido los cofres que llevamos normal y natural de años y
años de vida. Con marcas y agujeritos que son huecos de gusanos
que están en el corazón o actitudes que no vemos.

Así Dios me empezó a entrar a estos cuartos en
mi hogar mientras pensábamos en un encierro.
Yo lo llamaría un comienzo de conocer más a
Dios, a nosotros y a los planes y acontecimientos
que surgirían para nosotros el pueblo de Dios y
el mundo entero.

CAPITULO 2

EMPECÉ CON MIS AYUNOS

Para mi eran ayunos. Pero para Dios era llevarme a una atmósfera de gloria que él, controlaba todos mis sentidos y me fortalecía grandemente. Mi sueño y anhelo en mis ayuno eran sin entregar por varios días, pero aun no había llegado. Hoy si me preguntaras; que quieres? Te diría la experiencia de 40 días. Pero entiendo que los ayunos deben ser direccionados por Dios. Sabes que si no comes podrías correr un peligro ya que hablamos de varios días.

Nuestra iglesia ha estado 30 días de ayuno y oración cada cual en su hogar. Y solo encontrándonos en los días de cultos y algunos entregando ya como a las 12pm o 4pm. Y han sido pedidos por Dios con propósitos especiales. Pero normalmente se supone que el cristiano lo menos que debe ayunar para fortalecerse son 2 días a la semana. Así que todo aquel que venga con falsas doctrinas del ayuno no lo creas.

El ayuno es bíblico y Jesús aun siendo Hijo de Dios lo hizo para luego empezar su ministerio por la tierra. Y la pregunta es; Si Dios siendo Dios su hijo ayuno y el diablo lo quiso tentar ofreciendo cosas que supuestamente no necesitaría, como por ejemplo las piedras en pan. Cuando Jesús no necesitaba eso pues la palabra de Dios dice; que luego de eso, sus ángeles le sirvieron. El diablo lo intento ya que Dios era 100% carne y 100% Hijo de Dios. Imagínate que pasaría contigo si no lo haces?

(Lucas 4 y Mateo 4)
Impactante lo que dice Lucas 4:1-2.
Jesús, lleno del Espíritu Santo, volvió del Jordán,
y fue llevado por el Espíritu al desierto, por
cuarenta días, y era tentado por el diablo.
Palabra clave **lleno del Espíritu Santo** y **llevado al desierto.**
El Espíritu Santo de Dios te dirigirá, cuando,
como y el día como debes de ayunar.

Que quiero decir con esto que Dios te dirá el día, la hora y cuando entregar. Un ayuno tiene que ser dirigido por Dios, pero no lo tomes como un niño que va de paseo con sus padres a una tienda de dulces o de juguetes que desde que están de camino va pidiendo. Y cuando llega pide todo lo que está en la tienda aunque sea un dulce que nunca había probado o un juguete famoso anhelado pero no sabe cómo se va usar, si es apto para su edad y que riesgos, peligros y duración tendrá.

Quiero darte un ejemplo de esto; mi nieto de tan solo 9 años ama los animales y es muy protector con ellos. Su fascinación son los tiburones. Pero un día vio un video de un juguete tiburón que nadaba muy rápido en piscinas y era de control remoto. Se enamoro del juguete y su tía al ver que había sacado buenas calificaciones se lo regalo. Cuando él lo ve emocionado le pone las baterías nuevas, lo pone en la bañera para probarlo. Pero que paso, apenas el juguete del tiburón nadaba. Era muy lento y no era la velocidad que él esperaba. Al principio creyó que eran las baterías, luego que era el control y más tarde llegar a pensar que él no sabía cómo usar el control. Pero la realidad fue que él no era el del problema dirigiendo el control o la batería. Sino que era la propaganda del juguete era falsa. Nunca el juguete nadaba a tal velocidad. Era una propaganda para que los niños se deslumbraran y compraran el juguete.

Así hay muchos cristianos hoy en día que ayunan para tener lo que quieren, sin saber si es lo que les conviene, las responsabilidades que conlleva y si pueden con eso o no. Hay veces que también ayunan por verse una persona famosa con grandes dones o porque económicamente estén bendecidos. Así que se acercan a Dios no porque lo aman o quieren crecer o conocerlo más o querer que el sea su amigo, su padre, madre, esposo, hermano del alma o porque lo amas y lo quieres sentir. Si, sentir su amor y su gloria. Y paran en el hospital.

La oración, el ayuno y su palabra son imprescindible en la vida del cristiano. El ayuno te dirigirá en tu vida a saber quién eres y como te ve Dios.

No es la copia de alguien que admiras o quien quieres ser; sino es quien Dios quiere que tu seas …

CAPITULO 3

ORIENTADO POR EL ESPÍRITU SANTO

El Espíritu me hacía ver que tenía que escribir todo lo que él, me hablara y todo lo que me dijera que hiciera. Me emociona decir esto, ya que siempre desde pequeña me encantaba escribir lo que sentía. Y cuando algo es importante me hago amiga del papel y el lápiz. Ya que es Dios el Padre, el Hijo y el Espíritu Santo y yo.

Así que inmediatamente tome un cuaderno para empezar a escribir. Ya que podían haber direcciones o profecías para nuestra vida que se podían olvidar. Y cuando se cumplen ahí es cuando alguien te dice; "te acuerdas que hace mucho tiempo Dios hablo esto".

En cambio que cuando lo escribes de repente abres el

cuaderno y estas en el preciso momento de la profecía hablada. Y dices; "lo que Dios me había dicho hace 5 años está pasando".

Pero luego de varios días de escribir el Señor me dice; " Marilyn, esto no es solo para ti es un libro que escribirás y será de bendición y revelación para muchos. Quiero oriental, enseñar y revelar a mi pueblo.

ORIENTADO POR EL ESPÍRITU SANTO PARTE 2

Estoy orando y el Señor me habla, mostrándome como el enemigo me estaba robando cosas a mí y a los míos. Y que había que romper con ellas. Pero yo había orado y quebrantado maldiciones en el Nombre de Jesús, pero no había hecho unas observaciones de cosas en mi vida, carácter y familia que parecían normales. Pero no lo eran.. Y me decía cosas que habían y que no podía cometer el error de mencionarlas todas en un solo ayuno. Si no que por cada situación tenía que hacer un ayuno. También me hablaba de estrategias espirituales para vivir una vida completamente libre en Cristo Jesús.

Cosas y cadenas que había que quebrantar..

* Salud; en diferentes enfermedades que atacan tu familia y te quieren atacar a ti o a un ser querido. Sabemos que hay que pedir perdón por los pecados de nuestros antepasados y cerrar todas las puertas al enemigo y ordenar que se vayan en el Nombre de Jesús.

El Señor me decía; que por cada cosa que nos atacan había que cancelar y quebrantar en oración por separado. Me especificaba como hacer el primer día de ayuno; un día de quebrantar una enfermedad o situación. Lo presente en la mañana, también en la tarde antes de entregar el ayuno y en la oración antes de acostarme.

Por ejemplo; salud, deformidades, divorcios, economía, adulterio, locura, drogas, palabras que acomplejan, palabras que matan, menosprecios, maltratos y humillaciones.

Mateo 5:21-22

21 Oísteis que fue dicho a los antiguos: No matarás; y cualquiera que matare será culpable de juicio.
22 Pero yo os digo que cualquiera que se enoje contra su hermano, será culpable de juicio; y cualquiera que diga: Necio, a su hermano, será culpable ante el concilio; y cualquiera que le diga: Fatuo, quedara expuesto al infierno de fuego.

**Recuerda que cada ayuno es una
batalla espiritual diferente.**

Ezequiel 18:20

20 El alma que pecare, esa morirá; el hijo no llevara el pecado del padre, ni el padre llevara el pecado del hijo; la justicia del justo será sobre él, y la impiedad del impío será sobre él.

No podemos caer en; "es que soy así" o "oh, me enseñaron así".

Ya que eso no justifica tus pecados o errores ante Dios. De tus pecados y de los de tus padres se encargara Dios. Pero no tenemos derecho de dañar o hacer daño por eso.

Recuerda que cuando vienes a Cristo todo cambia.

Cantares 2:15

15 Cazadnos las zorras, las zorras pequeñas, que echan a perder las viñas; Porque nuestras viñas están en cierne.

Jueces 15:3-5

3 Entonces le dijo Sansón: Sin culpa seré esta vez respecto de los filisteos, si mal les hiciere.
4 Y fue Sansón y cazo trescientas zorras, y tomo teas, y junto cola con cola, y puso una tea entre cada dos colas.
5 Después, encendiendo las teas, soltó las zorras en los sembrados de los filisteos, y quemó las mieses amontonadas y en pie, viñas y olivares.

PORQUE SE METEN EN CUALQUIER HUECO ...

Nehemías 4:3

3 Y estaba junto a él Tobías amonita, el cual dijo: Lo que ellos edifican del muro de piedra, si subiere una zorra lo derribará.

Lucas 13:32

32 Y les dijo: Id, y decid a aquella zorra; He aquí, echo fuera demonios y hago curaciones hoy y mañana, y al tercer día termino mi obra.

Ezequiel 13:4

4 Como zorras en los desiertos fueron tus profetas, oh Israel.

Recuerda que las zorras se alimentan de diferentes animales como; roedores, gallinas, ratones, aves, conejos y ardillas. La zorra se adapta a cualquier clima y caza de noche cuando nadie las ve. No es rápida, pero es muy astuta. Sabe dónde está su presa y con sus orejas puntiagudas oye a distancia lo que va atacar. Desde una rata hasta un gusano y si tiene que comer frutas o vegetales lo hace aunque este dañado.

Ojo vela ...

Uno de los puntos sofisticados son aquellas llamadas excusas que en realidad son mentiras. O aquellos arranques de grosería que lastiman, molestan y hieren. Y luego de esto se abre una puerta al enemigo donde pueden venir ataques de SEXO u otras cosas.

Como pensamientos negativos donde te preguntas;

1. Yo no estoy pecando?
2. Porque eso me ataca, si esto no está en mi corazón o en mi mente?

Pero hoy Dios nos dice porqué no se va;

1. Por la mentira o tu carácter.
2. Cosas que practicas y no lo has tomado en cuenta. Que son acciones de la carne. Por lo tanto es una puerta abierta al ataque.

Muchas veces te dirás a ti mismo; Pero yo reprendo y vuelve esa situación a incomodarme y hacerme sentir muy mal y culpable ante Dios y en mi relación con él. Llevándome a momentos donde me siento sucio(a). Pero se y reconozco que no estoy pecando.

Hay que entender que muchas veces podemos abrir una puerta con algo que vistes hasta en la televisión, una palabra no grata a Dios o una crítica que no debes hacer convirtiéndola en una murmuración.

Pregúntale a Dios;

Porque?

Y El te dirá …

No solo te autoanalices, pregúntale primero a Él.

Ejemplos de versículos de sanidad que puedes repetir para quebrantar toda maldición de enfermedades:

Éxodo 23:25

25 Mas a Jehová Dios serviréis, y el bendecirá tu pan y tus aguas; y yo quitare toda enfermedad de en medio de ti.

Juan 3:1-2

1 Había un hombre de los fariseos que se llamaba Nicodemo, un principal entre los judíos.
2 Este vino a Jesús de noche, y le dijo: Rabí, sabemos que has venido de Dios como maestro; porque nadie puede hacer estas señales que tu haces, si no está Dios con él.

Proverbios 17:22

22 El corazón alegre constituye buen remedio; Mas el espíritu triste seca los huesos.

Salmo 147:3

3 El sana a los quebrantados de corazón, Y venda sus heridas.

Mateo 10:8

8 Sanad enfermos, limpiad leprosos, resucitad muertos, echad fuera demonios; de gracia recibisteis, dad de gracia.

1 Corintios 6:19-20

19 O ignoráis que vuestro cuerpo es templo del Espíritu Santo, el cual está en vosotros, el cual tenéis de Dios, y que no sois vuestros?

20 Porque habéis sido comprados por precio; glorificad, pues, a Dios en vuestro cuerpo y en vuestro espíritu, los cuales son de Dios.

Proverbios 16:24

24 Panal de miel son los dichos suaves; Suavidad al alma y medicina para los huesos.

Proverbios 3:7-8

7 No seas sabio en tu propia opinión; Teme a Jehová, y apártate del mal;
8 Porque será medicina a tu cuerpo, Y refrigerio para tus huesos.

Isaías 53:5

5 Mas el herido fue por nuestras rebeliones, molido por nuestros pecados; el castigo de nuestra paz fue sobre él, y por su llaga fuimos nosotros curados.

Deuteronomio 7:15

15 Y quitara Jehová de ti toda enfermedad; y todas las malas plagas de Egipto, que tu conoces, no las pondrá sobre ti, antes las pondrá sobre todos los que te aborrecieren.

PRESENCIA DE ESTRUENDO

Estoy en ayuno y mi primera oración fue a las 5:30 a.m. Sentí una experiencia linda de paz y fortaleza. Le hablé y le decía; Señor, quiero mi taza de unción y llenura. Ya que él me había dicho. Que su profundidad, conocimiento y unción en una relación con el era poco a poco. Taza a taza. El día que estuve en el ayuno con la Pastora Ivelissis y la Co-pastora Lillian. Tuve esa presencia de trueno detrás de mí y me decía; Marilyn esto es poco a poco, lentamente como una gota y como una taza a taza. Mi anhelo era algo sobre natural. No solo una unción o poder. Era que el bajara y que sin yo merecerlo ser su amiga.

Dios me muestra una revista y en la carátula estaba yo, exactamente tal como soy. Con mi propia apariencia, no construida. Veía mi cabello, plantas a mi alrededor y luego un libro de niños color azul y con un dibujo de una mano grande con estrellas. Era algo hermoso. También vi mi libro Manases el de mi testimonio y luego otro libro; El Viaje de una misionera tal como lo había sentido cuando lo escribí así lo veía, una mujer con una mochila subiendo una montaña. Mi visión pasaba de etapa en etapa. En ese momento veía un estadio grande, muy grande. Pero lo único que vi fue la plataforma donde me encontraba predicando. En ese momento el Señor me decía que recibiría una gran bendición fue algo impactante. Pero todavía me preguntaba donde estaba mi taza, ya que yo la esperaba con una gran emoción. No era la taza, ni la unción era que yo anhelaba atraer a Dios y su presencia. En mi anhelo bajo su presencia gracias a él, ya que la gloria y la honra es de él. Pero aun yo quería más de él.

Luego a las 2:00 p.m. fui a entregar mi ayuno y podía sentir que él estaba ahí. Había gloria y yo solo adoraba y le cantaba era algo glorioso. Pero en ese momento me hablo de un anciano y que intercediera por la Pastora Ivelissis. También me mando a leer los versículos de sanidad para quebrantar toda enfermedad del estomago y así lo hice.

También me preguntaba; porque todos los que han visto a Dios lo han visto de diferentes maneras? Unos con pelo largo, otros con pelo más corto y otros con el pelo rizado. Y Dios me mostraba el porqué. El me dijo lo muestro los tres; el Padre tiene el pelo lacio, el Hijo tiene el pelo rizado más corto y el tercero más transparente que es el Espíritu Santo de Dios. Lo demás lo vi en una visión como persona, pero el Espíritu Santo lo vi como espíritu transparente. Es el que entra a nuestra vida y cuerpo. Pero luego los tres se unían en uno solo. Pero los ojos de mi Rey jamás los olvidaré.

Y me dijo que nos veíamos a las 7:00 p.m., era una cita así

que regrese a las 7:00 p.m., al cuarto de oración y empecé en esa gloria tan hermosa. Le cantaba alabanzas muy viejas que mi hermana ponía cuando yo era niña. Había una presencia muy hermosa del Señor. El tiempo pasaba de 7:00 p.m. a 8:30 p.m. no parecía que hubiera pasado tanto tiempo. En la próxima oración lo mismo 2 horas y media.

En la madrugada le preguntaba al Señor; Entonces si hay una puerta de excusas son en realidad mentiras?

Eso puede hacer que se abran puertas de ataques, de tentación o dardos de cosas que jamás sentimos o pensamos.
Y eso nos confunde y nos preguntamos porque vienen imágenes, pensamientos feos o sentimientos si no somos así?

Luego el Señor me mostro cosas que tenemos y no lo sabemos cómo cristianos. Como cuando corriges a las personas que amas, pero las críticas o cuando te da coraje que un impío progrese. Pero en realidad puedes confundir la ira espiritual con la obediencia o empezar a decir todo tipo de críticas.

Como por ejemplo decir;
ya verás que todo lo van a gastar, y luego no tendrán nada.

Y cuando venimos a ver estamos maldiciendo sin darnos cuenta con nuestros comentarios negativos. Porque aunque su conducta no sea la correcta queremos eso, ya que nos da coraje que el otro haciendo las cosas mal o sin buscar a Dios prospere. Y tu que tratas de hacer todo bien para prosperar te es más difícil o no lo tienes. En ese momento descubrí que un cristiano puede tener gusanos, que han hecho huecos en el corazón. Y por eso te atacan esos pensamientos de cosas sexuales, corajes o burla.

He entendido que en la oración y en el tiempo de conversación con Dios, no es solo que te digas; es que no soy así o eso no es mío. Es que le preguntes a él. Porque cuando estás bien esos ataques vienen y lo reprendes, pero luego regresan. Es el momento de preguntarle a Dios seriamente; porque me pasa esto y el te va a decir. Solo pregúntale y escucha su voz audible o a través de una situación o conversación te lo hará saber o a través de su palabra.

Quiero hacer una aclaración van a ver momentos donde llegaras a donde personas, lugares que llegarán a ti con molestias espirituales como por ejemplo; dolores de cabeza, desanimo, sueño, tristeza o depresión. Y en esos momentos querer atacarte y ahí es el momento de cancelar y decir en el Nombre de Jesús te vas, esto no me pertenece no es mío y en el Nombre de Jesús se tiene que ir.

Experiencias maravillosas que Dios me está
llevando en oración tres veces al día;
5:30 a.m., 2:00 p.m. y 7p.m..

NO ES LA ORACIÓN QUE ESPERABA

Estaba cansada, muy cansada atendiendo una joven de Dios en otro país la cual tenía una situación. Pero le había aclarado que después de solucionar todo, no podía seguir platicando, ya que tenía que levantarme a las 5:30 a.m.. La joven seguía hablándome varias cosas ya que se encontraba sola en su hogar, y su familia se encontraba en otro lugar en este momento tan difícil de esta plaga del coronavirus.

Aun así me levanté temprano a las 5:30 a.m., Oré y presenté mi ayuno. Pero me sentí que no era la oración que debía tener con el Padre Celestial. El cansancio sin dormir bien me llevó a una oración expreso donde no llegaría mi taza. Luego de orar como pude me dormí y al levantarme me fui a orar de nuevo.

Que quiero decir, que debemos tener un balance con las vidas necesitadas. Ya que tu también eres una vida necesitada y si no velas te secas y serás como un empleado más que trabajas y trabajas pero nunca conoces realmente al que te paga o para quien trabajas. Al irme al cuarto de oración canté dos alabanzas y caí en una profundidad con Dios. Primero le pedí a Dios que le cerrara los oídos al diablo y a los demonios que no oyeran nuestra conversación. Ore y me presente ante él y fue algo fuerte, grande, pesada, esa gloria que cayó. Le pregunte lentamente a el Señor si llegaría con mi taza de unción y si llegó. Pero algo me sorprendió y era que la taza era diferente a la que yo esperaba. Era mucho más grande y fuerte. No la esperaba así. Llego por mi espalda.

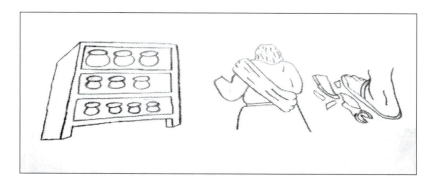

Luego en mi visión vi tres tablas colocadas como un tablillero de vajillas de tazas y el ponía otras tazas finas de té y otras del mismo tamaño que las mía y otras más grandes que las mía. En ese momento que estaban ahí el se enojaba y las tiraba contra el piso y se rompían en pedazos fuertemente. Era un ruido muy fuerte y luego otras las lavaba y las limpiaba de la ceniza y del polvo. Y volvía las ponía en su lugar. Otras las rompió, las tiro y con su pie las empujó después de rotas. Y solo en aquel estante simple y sencillo de tres tablas quedaron dos en el primer lugar, una en el medio y una pequeñita de café negro. En mi visión no pude discernir lo de la tablilla de abajo. Pero sí, habían dos tazas más grandes. Me impacto tanto ver esto, ya que me quiso decir que esas tazas eran mis siervos y siervas que había bendecido con su unción. Y que las tazas que había roto y había empujado con su pie eran ministros que él, le había entregado mucho y se habían dado la gloria ellos y se desviaron. Y lo habían traicionado pensando que lo que tenían era de ellos. Me decía que por eso las había roto y desechado y se irán al infierno. En ese momento me acorde de la Palabra de Dios que dice en;

Mateo 7:22-23

22 Muchos me dirán en aquel día: Señor, Señor, no profetizamos en tu nombre, y en tu nombre echamos fuera demonios, y en tu nombre hicimos muchos milagros?

23 Y entonces les declarare: Nunca os conocí; apartaos de mi, hacedores de maldad.

Y se irán al fuego eterno.

Luego vi las tacitas pequeñitas que tenían polvo y ceniza y con paciencia él, las limpiaba y esto era el proceso del siervo de Dios cuando hay cosas en ellos que a Dios no le agrada. Y él, las sigue procesando, limpiando y cambiando. Después vi un jarro en cerámica de grande como las que sembramos una planta y las ponemos en la sala o marquesina. Era pesada y Jesús la cargaba. Era un varón de Dios que Dios usa grandemente y luego vi otra parecida a esa un poco más pequeña. Y el Señor Jesús, el Cristo de la gloria me decía que era una sierva que el también está usando mucho actualmente. En ese momento la presencia de Dios era suave y fuerte.

Me presentaba a una Pastora que conozco que sería ascendida en su trabajo. Que hay una persona que está en edad y moriría. Y ella seria ascendida. Me mostro que la Pastora se sentía mal de salud y veía unas sombras oscuras que salían de la pared de su casa que querían atacarla. Ya que habían batallas afuera en los aires. Y tenían que saber cómo estaban peleando y unirse ella y su hija a orar en un mismo propósito. Luego ore por mis hijos y termine de orar. Dios me llevo nuevamente a los versículos de sanidad.

Empecé a cancelar todo espíritu de tristeza, de temor, de nervios, de ansiedad y personas que rechazaban a uno con calumnias y mentiras. En ese momento empecé a hablar en lenguas y Dios me hizo en ese momento orar por mis hijos y fue impresionante. La gloria de Dios bajo en una manera poderosa y esta vez vi una hoja que caía suavemente parecida a un papel que había visto en visión hace años cuando mis niños estaban pequeños y yo temía tanto que me les pasara algo a ellos o a mí y se quedaran huérfanos. En aquel tiempo siendo una persona recién convertida vi un papel bajar lentamente en una visión que tuve luego de haber caído al piso, después de una administración y ese papel me cayó encima. Era una foto de una señora anciana sentada y tres varones engabanados a su alrededor. En aquellos años Dios me decía que no temiera que el cuidaría de ellos y de mi. Bueno pasaron los años de eso son adultos ya casados. Pero no le sirven a Dios.

En esta visión caía una hoja lentamente y era el momento donde en mi oración se quebrantaba. El temor, rechazo, nervios y la inferioridad. Dios me hacia mencionarlos a ellos por su nombre. Vi primero al pequeño, después al grande y luego al del medio en una nube de gloria siendo transformados. Y vi al menor lleno de Dios, luego al mediano y al mayor como en forma de una flecha. Veía como el menor jalaba en esa nube de gloria al mayor y luego al del medio. Y el Señor me quería decir que el primero que vendría seria el menor, luego el mayor, y por último el del medio. En la visión los vi llenos de Dios. El menor predicando, el del medio cantaba y lloraba en la presencia de Dios y las vidas se convertían a Dios. Era un cantico dirigido por Dios. Y el mayor lleno del fuego de Dios y luego los vi a los tres en una plataforma tipo coliseo como danzaban brincando llenos de Dios. Y Dios me decía; Brother's de Fuego que así seria su nombre y serán parte del ministerio. Después en la oración vi a mi nieto de 9 años y caí nuevamente hablando en lenguas más fuertes, viéndolo ya adulto con un tuxedo azul claro y tenía un rango alto en lo espiritual y una autoridad. Como un Director de Ministerio. También en el momento de la oración Dios me mostro un dolor en el lado derecho de la esposa del hijo de la Co Pastora y me mostraba dos muertes en el edifico donde vivo. Y me dijo que podía entregar a las 4:00 p.m. y que nos veríamos a las 7:00 p.m.

PUNTOS DE MALDICIONES Y QUEBRANTOS

Tenía que levantarme a las 5:30 a.m., suena mi reloj. Pero me sentía cansada el sueño me vencía, había estado orando toda la noche. No me levante lo cual ocasiono una tristeza enorme en mi corazón. Así que era el día del ayuno con el punto en la oración de quebrantar los problemas mentales que han atacado a mis padres y hermanos. Tales como Alzheimer, depresión, Parkinson y suicidio. Lo cual sentía mucho silencio de parte de Dios. Le pedí perdón, mas no se podía ir la tristeza tan grande de que él, me espero y yo no estuve hasta más tarde. Pero aun así me dijo que hablara del punto de estas enfermedades y que leyera en voz alta los versículos de sanidad que habla en la Palabra de Dios. Luego que me dispuse hacer ciertas cosas que él me había dicho.

Es impactante la grandeza de Dios y como si nos metemos un buen tiempo con él, nos revela sus misterios y nos enseña. Teníamos un cuadro en la Iglesia que fue comprado en nuestros inicios. Era con la foto de un león, una oveja de fuego, una cascada de agua, tres cruces, una paloma y luego decía El Gran Yo Soy. Primero lo pusimos en la pared del altar, después de los años sentimos que no podía estar ahí. Porque aunque lo que tenia eran símbolos que representaban a Dios, lo tuvimos que mover a otra pared de la Iglesia. Pasaron los años y el Señor me dice; que me lo llevara para mi casa. Pues eso hice lo lleve a mi cuarto de oración y hay lo puse. Pero a base de que había recogido todas mis cosas, ya que me mudaba baje también todos mis cuadros. En ese proceso de búsqueda de revelación de Dios sentía que la cara del León me miraba y no me gustaba. Le hable al Señor y le pregunté y él me hablo nuevamente diciéndome Jueces 18. Cuando me levanté de orar busqué la porción de la palabra donde hablaba de la idolatría de Mical y como él hizo su propia imagen. Era tan impresionante ver con claridad que él me contestara, que había que sacarlo.

A veces nosotros compramos cosas o objetos que son dibujos de cosas o símbolos que aparecen en la Biblia y decimos, son cosas espirituales y debemos de tener mucho cuidado. Pues aun las personas cristianas pueden llegar a idolatrar. Solo porque están en la palabra y Dios habla de ellas. Por ejemplo sabemos que Dios es el León de la Tribu de Judá, pero eso no significa que llenemos la casa de leones o figuras de leones. Porque sin darnos cuanta le estamos cediendo territorio en nuestro hogar al enemigo. Y se puede convertir en una obsesión o idolatría.

El Señor en ese momento me dijo; que lo botara y lo echara a la basura. Luego al momento de orar en la tarde, vi un león que llegaba al zafacón de la basura donde había votado el cuadro, rugía y luego saltaba a donde yo estaba orando y ese si era el Señor, ese si era el León de la Tribu de Judá. La visión quería decir; te saque, tú no tienes autoridad en el lugar de oración. En ese momento me decía; adórame, hija mía. Le pregunte por un ahorro que era para una guagua de campear. La cual yo quería comprar y preparar para irme de vacaciones antes del coronavirus. Si quería que yo lo tomara para comprarme unos muebles que necesitaba para mi hogar, ya que varias cosas las había vendido. Y me llevó a la palabra donde me hablaba de la promesa de Abraham y otras porciones. En la cuales el me quería decir, que el proveería y que él me había prometido. Que yo no tenía que usar ese dinero para otras cosas ya que el también me las había prometido. Y mostrándome una vez más que el no necesitaba mi ayuda, sino que era yo la que necesitaba la ayuda del Todopoderoso.

Tenemos que tener cuidado que no perdamos nuestra bendición, por meternos en los planes de Dios. Recuerda que nuestras emociones y lo que creemos es un hilo muy fino. Y puede ser contrario a lo que Dios quiere que hagamos.

Gracias a Dios en esta oración de la tarde me dijo que solo le cantara y adorada. Y así hice. Luego oré y me sentí mucho mejor. Tenía paz y sentía que me había perdonado por no haber acudido a cita de las 5:30 a.m.. Mi tristeza se fue. Yo solo lo quiero a él, quiero entregarme completamente a él, sé que mi vida dará un gran giro. Pero todo será para su gloria y bendición en mi vida. Estoy conociendo una profundidad más grande con él y no la quiero perder. Quiero cada día amarlo, disfrutarlo y conocerlo más. Sé que hay más, mucho más, para los hijos de Dios. Pero? Estaremos dispuestos a pagar el gran precio a tener una vida diferente o a renunciar a cosas que cualquier ser humano desearía?

Bueno, a veces hay que renunciar a cosas que creemos grandes e importantes, para alcanzar cosas más grandes y más altas. Que tal ser su amiga(o) o esposa de Dios. Que él sea tu todo, tu padre y tu madre.

COMO COMIENZA UNCIÓN EN LO SOBRENATURAL TU

Empecé mi ayuno en la mañana y Dios me ponía a usar los versículos que me había dado para que en la mañana después de orar, pidiera perdón por los pecados de mis antepasados y quebrantara toda maldición; de divorcios, de problemas sexuales en la familia, adulterios, traiciones y pornografía. Le pedía a Dios que fueran quebrantado en mi, en mi familia y generaciones. Muchas veces pensamos que tenemos que pasar por uno de estos puntos de ataque para quebrantar, pero no es así. Por ejemplo; pornografía no es algo que me ataque o me afecte pero si a mi familia. Por ellos salir de mi, puedo en el Nombre de Jesús quebrantar toda maldición que pueda afectarme a mí y mis generaciones.

Terminé mi oración y luego volví a orar a las 4:00 p.m. Todo iba muy bien, mucha paz y fortaleza. Luego a las 12:00 a.m. Presenté mi ayuno del otro día. Estaba adorándole, exaltándole antes de irme de rodillas. En todo este ayuno de encuentros con Dios y conmigo misma. Descubriendo preguntas supuestamente de cositas muy insignificantes pero dañinas que interrumpían el poder de Dios a totalidad en mi vida.

Buena pregunta.

Diré hoy como empieza el poder TOTAL en la manifestación completa en nuestras vidas. En una gran iglesia, con un gran pulpito, grandes sanidades y personas hablando en lenguas o profecías. No es así la manifestación, no es la completa profundidad con Dios. Es en tu hogar, en tu recamara, en tu mesa comiendo o en tu sofá cuando Dios te habla y te dice que vayas a él. O te dice que llevas años sirviéndole y no has visto lo que esperabas. Porque muy dentro de ti hay cosas que cambiar para que sientas su gloria a totalidad.

La intención de Dios es que lo conozcas mas a Él, que no solo sea tu Dios es que lo conozcas mas. Que sea un padre que sabe todo de ti y que tu sepas todo lo que le gusta o no le gusta o lo que espera de ti o que es lo que no haces o él, no quieres que hagas.

A Dios sea la gloria soy presbítera. He orado por personas, he viajado, campañas, conferencias, congresos, retiros. He visto milagros, soy profeta y he visto su gloria en todo momento. Pero créeme que ahí algo más grande y más profundo de la gloria de Dios. Hay mas porque su preciosa obra de arte eres tu. Quieres más, y tener experiencias sobrenaturales? Ríndete más a él, pasa tiempo con él y veras cosas que no han llegado a tu vida. Mayores niveles de intimidad con Dios. El ayuno y la oración son impresendibles para encontrarte con Dios y contigo misma(o).

Recuérdalo..

Bueno, continuare relatando lo que ocurrió.

Esa noche me fui de rodillas después de haber cantado y adorado a Dios y sentir su presencia. Y mientras oraba le pedía mi taza. La que él me decía que era poco a poco. Su llenura de unción y yo solo decía; Señor quiero más de ti. Quiero tener una experiencia sobrenatural. Baja quiero verte y conocerte. Mas clamaba y lo llamaba con todo el anhelo de mi corazón. Yo sabía que Dios es un cofre de oro gigantesco, con cosas maravillosas que él quiere enseñarnos y entregarnos; dones, poder y autoridad. Pero sobretodo conocer el precioso corazón de mi amado. Del que ama mi alma. Conocer cosas grandes y ocultas que todavía muchos no conocemos. Porque no queremos pagar el precio que conlleva, llegar hasta ahí. Y pasar el tiempo, los años y décadas y nos quedamos en el mismo nivel de conocimiento. Y no porque ha sido revelado por su palabra o revelación. O en ayuno y oración sino porque otro lo aprendió. Pero muchas veces nos convertimos en cristianos que se resignan. A tal extremo que si no velamos nos convertimos en religiosos. Y no tenemos la sabiduría para saber quién es Dios.

Mateo 12:24

24 Mas los fariseos, al oírlo, decían: Este no echa fuera los demonios sino por Beelzebu, príncipe de los demonios.

Por el contrario otros podemos ver grandes manifestaciones milagrosas, muchas palabras y congregaciones grandes. Todo prosperidad y nada de prueba. Una libertad convertida en libertinaje y hasta decir esto es de Dios. Yo quiero esto. Y realmente Dios no estar ahí.

Apocalipsis 16:14

14 pues son espíritus de demonios, que hacen señales, y van a los reyes de la tierra en todo el mundo, para reunirlos a la batalla de aquel gran día del Dios Todopoderoso.

1 Tesalonicenses 2:9

9 Porque os acordáis, hermanos, de nuestro trabajo y fatiga; como trabajando de noche y de día, para no ser gravosos a ninguno de vosotros, os predicamos el evangelio de Dios.

Deuteronomio 13:1-2

1 Cuando se levantare en medio de ti profeta, o sonador de sueños, y te anunciare señal o prodigios,
2 y si se cumpliere la señal o prodigio que él te anuncio, diciendo: Vamos en pos de dioses ajenos, que no conociste, y sirvámosles;

Mateo 24:24

24 Porque se levantaran falsos Cristos, y falsos profetas, Y harán grandes señales y prodigios, de tal manera que engañaran, si fuere posible, aun a los escogidos.

En mi oración clamaba y clamaba. Y de repente sentí un golpe fuerte en todo el cuarto como si algo gigantesco hubiera caído o un camión hubiera chocado. Me sentí petrificada no podía entender lo que pasaba. Luego vi un personaje de blanco con rostro de hombre. Su cabeza estaba tapada. Así que solo vi su rostro y un poco de su cabello en la frente. El había llegado a donde yo estaba. Era un poder de Dios tan fuerte. Luego vi una mujer Kathryn Kuhlman y un remolcador de juguetes como una carreta de niños que ellos arrastran de un lado a otro. Pero adentro de eso había una cascada y Kathryn Kuhlman se movía en ella. Luego en la visión al lado vi a Yiye Ávila y otros ministros americanos y otros de mi país, Puerto Rico. Habían unos americanos que no los conocía, ni había escuchado de ellos. El poder de Dios era tan fuerte que me quede sin poder moverme. Mi corazón latía fuerte. Podía escuchar sus ruidos y me dolía el pecho. Y a la misma vez el corazón latía lento. Quiero decir con esto fuertes y lentos latidos. Sentía que me moría. Solo decía Señor cuida de mi y de mi nieto. Sera que iré a morir?

Su presencia era tan fuerte y tan fuerte que cuando trataba de mover mis pies, no los podía mover. También me sentía sin aliento, trataba de respirar y levantarme y temblaba. Mi dolor seguía muy fuerte en mi pecho.

Luego el Señor me mostro una sierva que vivía en el apartamento abajo del mío y yo decía; Señor, Señor..

En la visión ella daba vueltas en la cama y movía la cabeza.

Y yo volvía y decía; Señor despiértala, que pueda sentir lo que me está pasando. Me levante como pude, no podía respirar bien. Solo decía; Señor que es todo esto que acabo de ver. Esto es tuyo?

Ese personaje era el Ángel de Jehová.

Con pocas fuerzas llegué a la cocina y llamé a la hermana, con la cual había tenido la visión. Y le dije que subiera, que necesitaba su ayuda. Como pude le quité el seguro a la puerta. Y algo me decía que me quedara de pie, agarrándome de la silla alta del piano y así lo hice. Ella junto a la Pastora que es su hija entraron y les dije; que me cogieran suave y con calma. Que no me tocaran mucho, ya que sentía que aquello que había bajado las podía empujar llenas del Espíritu de Dios. No sabía si sus cuerpos los podían soportar. Mi cuerpo estaba muy caliente. Sentía que me quemaba del fuego de Dios.

Cuando ella me tocó me decía; Prebistera usted está ardiendo. Me sentaron, pero todavía sentía que me desplomaba hacia el piso si no me aguantaba. Con pocas fuerzas pude poco a poco recobrar el aire. Y por el otro lado un fuego se iba pasando en mi espalda. Luego se movía a mis manos y después a mis pies.

Les platiqué todo lo que había pasado. Creo que eran como las 2 o 3 de la mañana. Ellas no tenia palabras, estaban impactadas. Una de ellas pensó que me moría en ese instante. Después le dije a la hermana que fuera al cuarto de oración y pidiera por su sanidad. Fueron las dos y oraron. Y el Señor me decía; que estaban entrando con la perspectiva de que les pasara igual. Y no podía ser así. Ya que era algo individual. O pensar que el poder estaba en el cuarto y no. El me decía; El poder Soy Yo ...

TRATANDO DE ENTENDER LO SUCEDIDO

Me levanté y seguí el ayuno. Tenía fuerzas pero en el momento que me arrodillé a orar el calentón regresaba a mi cuerpo. El dolor del pecho y la impresión seguía. Ese calentón se movía por mis manos y pies. Era impresionante. Sentía tanto temor que solo oraba. Y le decía al Señor; que había ocurrido ayer en la noche, que sabía que todo había sido él. Pero que sabía que ese personaje no era Dios. pero si un ángel, pero cual no lo sabía. También le preguntaba porque había visto a Katherine kulman y a los otros ministros que ya no están. Pero si en el cielo con Dios. Y esa imagen de esa carreta de niños que es para arrastrar juguetes y adentro una cascada. Y porque Kathryn Kuhlman se metía adentro. Y veía a Yiye muy mayor al lado y los demás atrás.

Cuando me levantaba de orar empecé a recobrar mis fuerzas y seguía preguntándome las mismas preguntas de lo que me había pasado la noche anterior. Ya que fue algo sobrenatural. Pero aun así, débil como me encontraba con lo sucedido le decía; que me llenara, que quería conocerlo y volver a tener una experiencia con él.

Y el Espíritu Santo me decía; Que él es un Dios de orden y que ya era suficiente. Luego me hablo y me dijo; Marilyn yo también me muevo en lo apacible, en la paz y en la profundidad de mi amor y lo comprendí. Empecé a meditar en cada detalle de lo que había pasado. Y antes de irme a orar esa noche recuerdo que estaba viendo un programa cristiano, era algo maravilloso. Era de testimonios y experiencias con Dios. Pero luego no sé como el mismo programa empezó a entrevistar a dos mujeres que Kathryn Kuhlman les había también administrado. Una sufría de asthma y alergias crónicas y la otra estaba ciega. Pero la mas que dudaba de su testimonio y la señalaba. Katherine le decía que había duda. Y le administraba desde lejos sanidad. Esta mujer ya era cristiana. Pero ella y su esposo no creían que Dios podía usar a una mujer de esa forma. Cuando Kathryn Kuhlman le administraba sanidad le dijo que impartía de su espíritu sobre ella. La mujer dio una vuelta y cayó debajo del piano y el esposo la tomaba y le decía; que había pasado. Y ella le decía que estaba sana. El esposo la lleva en el elevador. Y personas empiezan a caer al piso. El esposo vuelve y le dice que era lo que estaba pasando. Pero luego de recoger el carro deciden ir al supermercado y es cuando el esposo le dice a su esposa que ya no puede salir más por ese día. Porque todo el que se acercaba a ella se caía. Y luego ella entendió lo que estaba pasando. Hoy en día tiene un gran ministerio de sanidad y es una ministra de Dios. A Dios sea la gloria. La otra mujer estaba ciega y el esposo la llevo a una de sus campañas. Y al llegar el esposo dice que al instante una luz tan fuerte en su rostro y ella solo decía que esa luz la quemaba. Kathryn Kuhlman, ministraba y ella estaba sentada en la segunda fila de sillas y le dijo a el esposo que podía ver, y empieza a decirle el color de su camisa y corbata.

Y él vio que estaba sana. Luego siguió buscando de Dios y recogió muchas personas en un autobús que ella misma había alquilado para que las personas fueran a la campana y recibieran sanidad. Pasaron los años y perteneció al ministerio de Kathryn Kuhlman hacer su asistente. Y el día que Katherine cayó en el hospital la llamó y le dijo que ese era su momento de hacer el culto. Así que me impresionó sus testimonios, pero también porque esos programas cayeron en ese preciso momento.

Y volvía y me preguntaba; si todo esto tendría que ver con lo que Dios estaba tratando conmigo.

En ese momento recordaba que para el mes de Marzo y Abril tuve algunos viajes a diferentes pueblos en argentina y finalmente en un congreso que tuve en Puerto Madryn. La mamá del Pastor donde tuve el congreso, luego de finalizar y administrar se acostumbraba a orar por el ministro que llegara a compartir la palabra. Y esa princesa de Jesucristo, oró por mí y me dijo estas palabras; que veía el espíritu de Kathryn Kuhlman sobre mi y que sería una mujer tremenda en las manos de Dios, que tendría un ministerio poderoso, que muchas personas sanarían y que Dios me bendeciría grandemente.

Números 11:16-17

16 Entonces Jehová dijo a Moisés: Reúneme setenta varones de los ancianos de Israel, que tu sabes que son ancianos del pueblo y sus principales; y tráelos a la puerta del tabernáculo de reunión, y esperen allí contigo.

17 Y yo descenderé y hablare allí contigo, y tomare del espíritu que está en ti, y pondré en ellos; y llevaran contigo la carga del pueblo, y no la llevaras tu solo.

UN REGALO PARA UN DESCONOCIDO

Seguí orando a las 5:30 a.m., 12:00 p.m., y 4:00 p.m. Sentía la presencia de Dios en una manera maravillosa, paz, gozo y llenura. Y me mantenía orando por un joven adicto a las drogas que veía muchas veces afuera y por otra pareja con un problema similar a las drogas que andan todo el tiempo en las calles.

En uno de los ayuno Dios me mandó a comprarle una Biblia y que escribiera "PARA UNA PERSONA MUY ESPECIAL PARA DIOS". Me mandó a que la pusiera en un bolso de regalos y que se la entregara al joven. Lo hice cuidadosamente en este proceso de Covid-19. Pero ahora la pregunta era cuando y como lo haría, ya que todo el tiempo estábamos encerrados sin poder salir. Solo podía ser en una semana en la que tendríamos que salir a comprar comida o medicinas. Parecía imposible. Pero qué hay imposible para Dios.

Esa noche pasamos un programa en VIVO por el Facebook. Una predicación para la iglesia y para todos aquellos amigos que también pudieran recibir la palabra de Dios con el tema; NO TE DEJES CONFUNDIR. Al empezar la transmisión empecé a sentir la presencia de Dios era algo hermoso y palpable. Yo solo lloraba y lloraba. El Espíritu de Dios nos llamaba a todos a unidad y apoyo a los diferentes países. En la tristeza, soledad, dolor y necesidad.

La gloria de Dios en pleno poderío.

Cuando empezamos el tema hablamos de Aarón de como se dejó convencer. Y de que veláramos de las distracciones que el enemigo quiere poner en nuestros hogares.

Fue una victoria absoluta,
243 personas estuvieron presentes en línea..

COMPRANDO SIN DINERO

Dios me dio un día donde quiso que estuviera entregando antes mi ayuno. Si no que atendiera las cosas que tuviera pendiente en mi hogar. También me decía que siguiera empacando cosas que él me dio en su momento. Me ponía sentimental ya que eran cosas que Dios me había proveído. Pero yo solo quería serle fiel a él. Ya que siempre me decía que el proveería y en grande, pues yo le creo a él. Bueno esa noche me dijo que al otro día saliera a fuera a escoger mis muebles nuevos.

Y le dije; Señor pero todo está muy
peligroso con el coronavirus.
Pero que estaba bien.

Que iba a provechar que la Pastora iba a salir. Así que le explique y le dije que también la acompañaría, pero que teníamos que ir a una tienda de muebles. Lo cual le parecía una gran locura. Pero si Dios nos manda el nos cuidara. Pues íbamos a escoger muebles pero sin dinero. JAJAJA

Dios es tremendo.

Pero bajo la ordenanza de Dios iríamos a seleccionar muebles. Y los que yo quisiera y me gustaran. Su palabra era que no ESCATIMARA en el precio. Y como sabemos, el que invita paga.

Hay vamos.

Marcos 11:2-3

2 y les dijo: Id a la aldea que está enfrente de vosotros, y luego que entréis en ella, hallareis un pollino atado, en el cual ningún hombre ha montado; desatadlo y traedlo.

3 Y si alguien os dijere: Porque hacéis eso? decid que el Señor lo necesita, y que luego lo devolverá.

OBEDECIENDO PERO NO ENTIENDO

Dios vuelve y me dice que no estaría en ayuno ese día. Oré y me prepare para salir. En ese momento el Señor me dice; que cogiera el paquete de regalo donde estaba la Biblia para el joven que estaba atado en las drogas. Y también que me llevara $20.00 que iba a bendecir a una vida con una necesidad.

En ese momento le conteste; Ok, Señor
como tu digas y eso hice.

Fuimos al correo donde la Pastora iba a ir. Luego salimos de ahí, por supuesto cuidadosamente. Con mascaras protegiendo nuestro rostro del virus, guantes y sanitizer. La Pastora me platicaba y me decía que no entendía. Ya que el Señor nos decía todo el tiempo que nos cuidáramos, ya que estábamos en un peligro tan alto de contaminación. Y por el otro lado nos manda a mirar muebles.

Yo solo le respondía; que el solo sabía lo que estaba haciendo. Que él nos cuidaría y protegería.

Pero ella jocosamente me responde diciéndome; Bueno el es Dios y a él no le interesa nuestra opinión.

Yo solo me reía …

Llegamos al lugar y que crees, EL LUGAR ESTABA CERRADO. Yo no podía entender. Me preguntaba; pero si él me mando?, no me lo explicaba, no entendía. Yo no iba a ir y Dios me dijo que fuera.

En ese momento le digo a la Pastora; que ya que estábamos a lado del supermercado que me dejara ahí. Fui y hice unas pequeñas compras. Y luego de eso su hija la llama que quería una pizza y que la fueran a recoger en el camino antes de buscar la pizza. Para luego regresar a la casa. Pero que pasa. En el camino hacia la pizzería había otra tienda de muebles, lo cual qué crees también ESTABA CERRADO. En esa intercedumbre, sin entender. Recogimos la pizza.

Pero en ese momento me preguntaba; Señor no entiendo nada. hice lo que me dijiste. Y porque estaba cerrado? Pero solo tu sabes las cosas.

Al recoger la pizza, la Pastora se baja del carro. Veo una joven que estaba mirando la pizzería por el cristal de la puerta.

La joven se veía que tenía hambre y se encontraba en la calle. Y la temperatura estaba muy cambiante entre frio, hielo y nieve. Mas de repente sentí como un pequeño temblor de tierra y no fue un camión. Pude comprender que era lo que Dios me había dicho anteriormente que iban a pasar temblores en Massachusetts. Seguí mirando la joven y algo me decía; que era ella. La que tenia la necesidad. La de los $20.00.

En ese momento la Pastora se monta desesperada para entregar la pizza, pues la estaban esperando por un largo rato. Cuando a la mitad del camino. Le digo que creía que ella era la vida de la necesidad. La de los $20.00. Ya que la había visto mirar por la ventana de la pizzería.

Ella me contesta; que porque no se lo había dicho antes.

Así que llevamos la pizza y regresamos.

Cuando estábamos de regreso encuentro el joven adicto, desesperado por encontrar al proveedor de drogas. Eran muchos los que se encontraba con él. Así que lo seguimos, ya que el subía y bajaba por la calle. Mas había un tráfico que se hacía imposible hacerlo que se detuviera. Pero en una dimos vuelta y el qué paso por nuestro lado, con otro joven hispano. Así que le pregunté si hablaban español y me dijeron, que no.

Le dije en ingles que Dios hacia dos semanas que me tenia orando por él y que ese no era el plan de Dios para su vida. Me presente como Pastora y le dije; que Dios me envió que le entregara esto y ahí fue donde le entregué la Biblia en una bolsa de regalo.

Y la respuesta de ese joven en ese momento fue que el sabia que ese no era el plan de Dios para su vida y se fue.

Pero sé que fue tocado por Dios y el joven hispano que también lo acompañaba. Me puse muy feliz y lloré de gozo por haber cumplido la misión. Me preguntaba; como abra reaccionado al ver la dedicación por Dios a él?. Esa palabra; **para alguien muy importante para Dios.**

Inmediatamente conducimos para encontrar la otra joven que estaba cerca de la pizzería y allí estaba. En ese momento le dije; que Dios me había hablado que se presentaría una necesidad y que esa era ella. Me presenté como ministra de Dios y le dije mi nombre. Y que Dios la amaba y que buscara de Dios. Usé las mismas palabras que le dije al otro joven; que ese no era el plan que Dios tenia para su vida. Que fuera y se comprara una comida caliente.

Y ella solo decía; Gracias, Dios.

Estaba impactada con lo que estaba pasando y me preguntaba que cual era mi nombre, y vuelvo yo y le repito; MARILYN. La joven en ese momento me contesta; que ella también se llamaba MARYLYN. Entendí que para eso era que el Señor me quería que saliera. No eran los muebles. Eran las vidas. Los muebles llegarán, pero las vidas hoy llegaron. En la noche llegué muy feliz, ya que fue una gran victoria.

Experiencias que quiero que observes

Luego de que la Pastora me acompañara el enemigo la atacó con una palabra ofensiva, aunque no era la intención de la persona. No se expresó como debía. El enemigo la atacó a ella para que se sintiera ofendida y ofendiera también. Y luego la otra persona atacó a otra persona. Y fueron molestadas y ofendidas por el mismo tema y broma. Y luego repicó en mi. Pero entendí que el enemigo quiso devolvernos el golpe. Esa noche ellas estaban a cargo de la oración y fueron atacadas por un espíritu de ansiedad.

Cuando ofendas o te ofendan. Antes de hacer
algo para el Señor pídele perdón a Dios. Y
si fuisteis tu el ofendido también perdona. Ora antes de
tomar parte o predicar. Pidiendo perdón para que nada
se quede abierto y no haya puertas abiertas. Y el enemigo
quiera atacar con cosas que molestan o rodean a los demás.

DIOS NOS ENSEÑA DEFENSAS Y PROTECCIONES QUE ÉL TIENE PARA NOSOTROS

Empecé el ayuno muy gloriosamente. Su belleza y presencia en mi oración. Luego de orar le pedí perdón al Señor por los pecados de mis antepasados y que fueran quebrantados en el Nombre de Jesús. Y otros puntos importantes que Dios me hacía mencionar.

En esta semana serian 3 días de ayuno. Y esperaba hacerlos

corridos según como él me lo permitiera y mi cuerpo. Me encontraba escribiendo lo que estuve pasando en los últimos cuatro días que Dios me había dado y sus significados. Aun de personas que ya no se encontraban en nuestra iglesia. Pero que estaríamos en algunas etapas de sus vidas tremenda palabra de Dios. Es impactante lo que Dios hace con nosotros y nos enseña en los ayunos cuando son dedicados y dirigidos por él. En especial las defensas y protecciones que él tiene para nosotros cuando nos hacen daño. Y como nos defiende aun cuando no sabemos que nos quieren hacer algo y el no lo permite.

Me mostró dos personas muy familiares que habían tratado de hacerme daño y luego estaban como si nada. Y en momento de necesidad llegaban. Así paso, pero Dios nunca me dejó y por alguna razón no lo permitió. Me impresionaba tanta maldad. Pero Dios es bueno.

EL ENCIERRO QUERIENDO ATRAER TRISTEZA

Después de algunos días de descanso en mis ayunos Dios me lleva a un lugar a continuar un ayuno. En un momento había pensado que los ayunos habían terminado por algún tiempo. Pero no fue así.

Esta mañana fue un poco difícil, ya que no había recobrado el sueño hasta las 3:00 a.m. Primero me sentí sin sueño y me fui a ver una película cristiana que me administraba mucho. Por el otro lado había sido un día un poco preocupante debido a la noticia de una anciana de otro país que se encontraba con problemas del corazón, me lo comunicaban y al momento de orar por ella Dios me hizo saber que se la llevaba. Lo cual era algo que Dios llevaba tiempo preparándome y hasta me había dado la oportunidad de estar con ella, conocerla y pasar momentos muy hermosos. Pero al orar por ella y recordarla estaba muy triste y preocupada. Luego pude comunicarme con ella y estaba en tratamiento, pero muy delicada. Aun así comencé mi ayuno y luego orar. Empecé a quebrantar como Jehová me había dicho, le pedí perdón por mis antepasados y que quebrantara todo espíritu de maldición y de celos en el Nombre de Jesús. Y a mencionar los versículos que él me había dado de sanidad. Seguí adorándole y bajó el fuego de su espíritu poderosamente. Empecé hablar en lenguas y el Señor me decía; estoy aquí, estoy aquí. Yo soy el que soy. Yo saco y yo ato. Luego me decía; yo estoy tratando contigo. Y me respondía algunas preguntas que le estaba haciendo. No me quería sentir triste o pensativa. Sabía lo que Dios había hecho conmigo y lo que estaba haciendo. Ya que esta situación de cuarentena puedes llegar a sentirte triste, encerada, sola o parada como sino progresaras o adelantaras.

Yo sabía que cosas hermosas que Dios estaba haciendo y no quería salir de esa atmósfera tan hermosa. Ese patrón en el que Dios me llevaba. Pudo el Espíritu Santo mostrarme que habían veces que trataba con personas de confianza o familia y cuando llegábamos a algún tipo de bromas sanas las usaban como chistes, para recordar cosas que yo había hecho malas o cosas que ellos no querían aceptar que tenían que cambiar. Y eso los molestaba o hería. Y yo no me daba cuenta o simplemente cosas que no le salían bien porque tenían miedo. O en la misma broma les dejaba entendido que lo que habían hecho estaba mal. Oré y el Espíritu de Dios me confrontó ya que había una manera de aprovechar el momento y la broma para decir lo que yo pensaba. Y sí, me confrontó y me dijo que eso estaba mal y que no solo repetía lo que habían hecho mis familiares cuando era pequeña y joven que se burlaban cruelmente de mi. Por mis travesuras, mentiras o problemas en los que me metía. Para ellos era un chiste de burla repetitivo e hiriéndome, porque lo que ellos no sabían que todo eso venia de los abusos sexuales por los que pasaba con mi padrastro. Y los golpes excesivos de mi madre. Y el Señor me dijo; que eso era una maldición de burla que había que quebrantar.

Pensaba que por venir de una tierra muy alegre y amistosa era algo que todo los puertorriqueños llevábamos en la sangre. Esa chispa. Pero no era así.

Dios cuantas personas debí haber hecho sentir mal y aun herido. Y no es algo que tenga que ver con la sinceridad.

DIOS ME ENTREGA UNA LLAVE

Es de madrugada 2:00 a.m., quizás un poco más tarde. Me fui a orar y bajó una presencia muy hermosa de Dios. Solo cantaba y adoraba varias alabanzas y luego que bajo su gloria. Dios me mostró una visión donde veía una llave muy antigua y donde Dios me decía; esta es la llave que yo te doy para alcanzar lo que me estas pidiendo.

Luego vi un rey, no era Dios. Era el rey David y le preguntaba; Señor; Que significa esto? Después que me arrodillé pude entender que era el carácter que tenía el rey David. Como él lo adoraba, lo honraba y lo exaltaba. Y cuando pecaba se humillaba y reconocía sus pecados y errores. David se abría completamente a Dios y gozaba estar con él. Entendía que ni las riquezas, ni el reino y ni la ropa era importante más que Dios. Su belleza de corazón y humildad lo distinguió. Y aunque pecó y le falló a Dios se arrepintió. Fue algo tan glorioso que no había palabras para explicar su gloria, su paz, su amor, su belleza y compresión en ese cuarto. Me pregunte si debía escribirlo, ya que para mí era una estrategia de oración y crecimiento. Pero sabes algo desde que empecé a escribir estas experiencias el cual no sabía que sería un libro. Le pedía a Dios que le cerrara los ojos al enemigo para que nunca pudiera leer esto en el Nombre de Jesús. Solo Dios, yo y las personas que lo leyeran y así será. AMEN

Son aproximadamente las 3:00 p.m., empecé mi adoración para luego entrar en la oración y su presencia ya estaba conmigo. El me pedía que quería que le cantara, pero no era una alabanza conocida. El Señor me daba el tema y yo la improvisaba. Fue hermoso me acercaba mas a él. Entendía y comprendía que había cosas que cambiar y que él me estaba rompiendo, purificando y procesando mi carácter de impulsibilidades en los momentos difíciles. En ese momento me acordé que había visto un programa cristiano la noche anterior que Dios administraba mi vida. Y era que cuando yo era una jovencita tuve eso que le llamamos el primer amor de la vida de uno. O haber tenido noviecitos, pero llega uno que de verdad te toca el corazón. En ese tiempo yo era mucho más joven que él. Soñaba con un futuro conmigo. Pero yo solo tenía 13 a 14 años, pero para esa edad yo era muy desarrollada y supuestamente madura. Al yo no estar preparada para ese compromiso y un anillo con condición que luego explicare. La condición a la cual yo no podía responder como él quería ya que el tenia 20 años, trabajaba y quería un hogar. Pero yo quería disfrutar y estudiar ya que era la etapa. Donde todos los demás jóvenes en tu salón te agradan, bromeas, ríes y nada de eso encajaba con él. Era lógico ya que había diferencias de edades, madurez y también el interés y eso no ayudaba para nada. Era una persona en la escuela y otra cuando él me visitaba en mi casa. Eso me hizo cansarse y todo aquel deslumbramiento acabo así que terminamos. En todo momento yo rompía con él. Y por ultimo salió el comentario de lo que yo había pasado con mi padrastro, ya que yo le había confesado que mi padrastro me molestaba sexualmente en mi niñez. Y él se lo comento a su madre. Así que ella le dijo que yo no lo merecía. Y él me entregó un hermoso anillo si yo me entregaba a él y le probaría mi virginidad. Esa proposición me partió el corazón. Ya que yo pensaba que esa persona era muy especial para mí. Y mi príncipe cayó .

Nunca acepté su proposición así que duró unos días el anillo en mi mano, pues nunca lo hice. Si no que rompimos por completo. Pero yo aunque era inocente, lo enfrentaba provocándole celos con otros jóvenes. Pero aun así lo amaba. El, por mandato a su madre luego de un confrontamiento se marchó y se fue a vivir a otro lugar. Y nunca más nos vimos. Excepto cuando empezó a visitar a su madre con su nueva novia. Y al ser vecinos su madre se encargaba que yo lo supiera. Esa historia quedo hay. Sin fin y con grandes dolores y situaciones. Gracias a Dios que no acepté a su proposición. Pero si marcó mi corazón. Pero en ese momento que veía ese testimonio en la televisión de una situación similar. El Señor me habló y me dijo que tenía que perdonar y pedir perdón. Yo con mi inocencia en un momento jugué con sus sentimientos y nunca supe cuanto lo amé hasta que rompimos. Pero su propuesta la que nunca asedié, me rompió el corazón .

Y el Señor vuelve y me dice; todavía esa maldición sigue
ahí y aunque nunca hablas de eso lo recuerdas. Pero
cuando llega al pensamiento sientes que algo no se corto.

Así que hice lo que Dios me dijo; le pedí perdón a Dios y lo perdoné. Y quebranté eso en el Nombre de Jesús. Para que eso nunca volviera afectar mi vida; presente y futura. Ya que sentí que me marcaron como algo que no tenía valor como mujer, persona y ser humano. Cuando yo no pedí el abuso de mi padrastro cuando era niña. Ya que era un espíritu que me desvaloraba y que quería que se pensara que no tenía valor o que nadie me valoraría. Así que me conformara con lo que podía llegar y no con lo que merecía. Con todo lo hermoso que vales como hijo o hija de Dios. A veces andamos con libros viejos que no terminamos de leer por falta de tiempo o interés. Y hay que terminar la pagina y pasarla. Así que pasa la pagina.

Gracias a Dios tengo 52 años y no me arrepiento de no haber dicho no, por alguien que no me amó lo suficiente para esperar por mí. Y si nos hubiéramos casados nunca me hubiera dado el valor y lugar como esposa que merecía. Solo por haber cedido a sus caprichos. El que no te valora o respeta al principio no lo hará al final. (Esa prueba la cual no acepté no era una prueba de amor, si no de horror y dolor). Hoy Dios me ha descubierto que eso estuvo ahí. Así que hubo algo en el vagón de los recuerdos que se rompió. Sé que hay mujeres mayores como yo que te culparás o preguntarás por algo que no fue o que te marcó. Pero hoy yo te digo que lo hables con Dios. Y rompas con eso y pasa la pagina. Te darás de cuenta que en realidad nada hubiera salido bien.

Gracias a Dios, estas buscando de Dios. Y él, tiene para ti una gran misión y propósito en tu vida. Y si hay alguna joven leyendo este libro; ámate y cuídate. Y el joven que te ame si es cristiano esperará y te amara. Hasta el momento de tu boda. Y mucho menos buscara comentarios para marcarte y bajarte a un nivel que no es el tuyo. Amaté y el que no espere no es un hombre de Dios.

No es tiempo de seguir reprochándote lo que no hiciste o lo lejos que hubieras llegado en una carrera o estudio. O la persona que rechazaste o si no te hubiera pasado lo que te pasó sin tener culpa, perder muchas cosas y no fuisteis una chica o un chico normal.

Es tiempo de vivir en Dios y ver las cosas
que vienen. Hoy será mejor!!

Waoo, son las 5:14 p.m., el Señor estuvo tratando conmigo. Y me hablaba de cuando David perdonó a sus enemigos y cuando sus soldados hacían justicia humana, llegó el momento donde le dice a uno de sus mejores guerreros; que tenia con él.

En otras palabras que él no se parecía a él. Ya que ellos querían que David matara al patriarca, el que lo había maldecido y el solo lo perdonó. Y eso me llevó que nosotros cada día tenemos que tener el corazón de Dios. En ese momento me acordé en el área donde vivo y algunos lugares que no han creído en nuestro ministerio. Y fueron tantas las criticas, persecuciones y calumnias donde estamos que ya nos encontrábamos a la defensiva. Por lo que ahora entiendo que deben respetarnos y hacer una separación absoluta. Ya que ellos mismos nos han echado al lado, nos hirieron, nos rechazaron, y nosotros solo asumimos posición de defensa. O sino nos mataban el corazón. Así que decidí sobrevivir. Pero no es así, solo sobrevivimos, pero no vivimos.

Hoy Dios en su espíritu me llevó a orar y decir que había
que romper con eso, perdonar y quebrantar. Porque?

Porque tenemos que parecernos a él. Ahora entendía la visión donde me presentaba a David y un corazón perdonador. Aunque hayas perdonado, no pongas pared, vive la paz y el gozo de Dios. Si no te saludan, porque sus opiniones y doctrinas, no te ven como cristianos, pues salúdalos TU. Eso hará que tú y tu ministerio sea bendecido. No te defiendas, el te defenderá.

También tuve otra visión sumamente clara; veía una sabana larga, muy larga que salía del cuarto de oración en el aire por el medio del cuarto y salía por la puerta hacia el pasillo del apartamento y luego salía por las escaleras hacia afuera. Le preguntaba a Dios; que era esto que me quería decir, ya que esto me impactaba. Que mas me llamaba la atención eran los nudos que tenía esa sabana o manta. Y volvía y le preguntaba de esos nudos que veía. Y él me decía que era, que él me sacaba del edificio donde vivo. Para poder llegar al otro lugar donde me mudaría para mayo. Que no temiera y que el cuidaría de nosotros en el coronavirus.

CONTRA TODA OPOSICIÓN

En este ayuno me he sentido muy sensible a el Espíritu de Dios. De todo lloraba. Pero aparte de toda su gloria, hubo esta noche en mi oración una batalla. Donde algo no quería que yo orara y donde se me presentaron personajes para infundirme temor y miedo. Así que continúe cantando y adorando. Y gracias a Dios después de una larga lucha pude sentir la paz y la presencia de Dios. Pero mientras oraba sentía un olfato muy desagradable y comprendí que tenía que reprender toda hechicería y brujería en el Nombre de Jesús en el edificio.

EN MEDIO DE UNA OSCURIDAD

En la mañana, en el ayuno le preguntaba a Dios; porque había vivido algo tan terrible así, yo estaba buscando su presencia en espíritu y en verdad. Llegó una visión de una aguas negras, pero no era que el agua estaba sucia y yo me encontraba en el medio de esa oscuridad. Era una agua de mar que me asustaba. Luego trajo a mi mente aquella noche oscura donde Pedro y los discípulos con temor y miedo se encontraban en aquella tormenta. Pude sentir y comprender lo que hizo Pedro y como tuvo miedo cuando le preguntó a Jesús; que si era él, el que andaba sobre las aguas. Y Jesús le dice; ven y Pedro caminó por las aguas en la oscuridad. Pero las olas y el viento lo desenfocaron en lo humano y no siguió mirando a Jesús.

Y fue donde Jesús lo saco de las aguas y le habló diciéndole; hombre de poca fe. En esa tormenta Dios quería que lo mirara solo a él y usara la autoridad que él le había dado.

Recuerda, que siempre tienes que seguir orando y haciendo lo que Dios te diga. No puedes permitir que eso te siga molestando en lo que haces o en lo que tienes que hacer, no te desenfoques. Tienes que reprender en el momento y continuar.

Yo había tenido un sueño donde vi un familiar con su cabeza recostada en mi falda como madre a hijo. Pero cuando yo sobaba su cabeza, en su pelo tenía unos piojos y liendres y yo le decía que había que matarlos. Luego que desperté del sueño pude entender que esos eran problemas serios que abarcarían su vida y que yo los descubriría. Ya después de haber orado por algunos hermanos por teléfono y ver una gloria poderosa, y Dios hablar atreves de mi y luego volví y me fui a orar. Para darle gracias a Dios por haberme usado y que nada de lo que Dios había sacado me viniera a molestar a mi o a mi nieto en la casa. Puse cobertura y en ese momento que lo hago; Dios me revela un muchacho con una mirada muy fea y dañina. Tenía un pañuelo con una gorra, una mirada con coraje y alto. Rápido Dios me habló diciéndome; Marilyn, lo van asaltar con una navaja y esa persona le tiene mucho coraje. Inmediatamente Dios me trajo al mismo familiar del sueño de los piojos en el pelo. Sentía un peligro de muerte para su vida. Así que llamé y sus respuestas fue que él no quería escuchar ninguna visión de nada malo y no la creyó, aunque su vida esté en el mundo y ganándose la vida no grata a Dios no la quería escuchar. Y aunque supliqué porque, es una vida de salvación. Yo tenía que decir lo que Dios quería que dijera y me había mandado a que hablara.

Luego escucho después de mucha insistencia de mi parte. Y fue algo que me dolió. Pero entendí que no era a mí a quien rechazaba, sino a Dios. En ese momento Dios me toca y caí hablando en lenguas y Jehová me dice así; porque ninguna profecía que Dios dio a Samuel no cayó en tierra. Porqué toda palabra se cumplió.

DARÍAS TU HIJO, POR MI?

No hubo ayuno hoy me fui a orar y como siempre le canté y le adoré. Cantándole sentí la presencia de Dios muy sensible y pasiva. Yo solo le cantaba y le cantaba. Antes de arrodillarme en ese momento cantaba una vieja alabanza pero sumamente hermosa que se llama; Yo te agradezco por todo lo que has hecho, por todo lo que haces y por todo lo que harás. Venía a mi corazón tanto agradecimiento, que las lagrimas brotaban por mis ojos y venia a mi mente aquellas imagines de donde Dios me había sacado y quien soy hoy. Sé que no importando lo que haga para él, nada podrá pagar aquel sacrificio por Dios en la cruz. Donde dio su hijo, su único hijo por mí..

Darías tu al tuyo por mi o yo daría el mío por ti?

Jamás es algo demasiado grande. En cambio el lo hizo. Lloré y me fui de rodillas a orar. Donde empecé a orar por otras personas. Dios trajo a mi corazón todo el dolor, ofensa desacuerdo y abandono de los seres humanos que habían salido de mi vientre y que tanto amaba. Mencionaba en mis oraciones por cada uno de ellos. Y era un dolor diferente y muy fuerte.

El Señor me decía; que quebrantara..

En ese momento vino a mí el comentario de una ministra con la cual nos invitaron juntas a una actividad de damas y en el primer día que le tocaba a ella en el momento de ella decir que nos tomáramos de las manos un fuego cayó sobre mí. El Espíritu de Dios me arropaba y como un torbellino empezó hablar y me llevó al frente donde ella. Todos fueron tocados y derrumbados al piso por la presencia de Dios. Porque es su gloria y honra. En ese momento esto llevó a esta hermana ministra a tirar comentario muy serios ante otras personas. A tal punto de decir; que yo me creía que el altar era mío y me quería quedar con todo. Fue muy doloroso, pues yo la amé y la aprecié. Y no pensé que tal cosas estuvieran en su corazón.

Al día siguiente hubo un mensaje que Dios me había dado con el tema; Es hora de limpiar la casa. Donde se hablaba del Profeta Elí. Y observé como su rostro se enfurecía y yo no entendía. Ya que había sido una victoria absoluta, a Dios sea la gloria. Pero al oír el comentario me afectó mucho. Y Aconsejo a las ovejas y lideres que si no hay ningún peligro que mejor no cuenten tales cosas a sus pastores o compañeros de ministerio. Porque realmente no edifica a nadie y solo podemos hacerles más daño. Pero al terminar; El Señor me dijo; que orara por esto y que quebrantara en su nombre el poder del dolor y manipulación emocional. Hacia tus familiares porque aunque sean adultos y vivan separados y no tenga autoridad en tu vida, el enemigo los usa para ofender y herir cuando menos lo esperas o cuando mas paz tienes o cuando más victorias. Luego vino a mi esta ministra a mi mente y el Señor me dijo; haz lo mismo. Quiero hacer una gran aclaración muchas veces no es que tengas odio o resentimiento. Pero es un pedacito de tu corazón que lloró mucho y lo hirieron y eso no deja que la paz de Dios y su maravilloso poder sea manifestado por completo. Y hace que te sientas que tienes que defenderte de esos comentarios y que tengas que poner a esa persona en su lugar.

Pero no, no es así solo es momento de contarle a Dios lo que dijeron. A veces ni lo hacemos y solo decimos que Dios se encargue. Y si el, se encarga de ellos, pero de ti quien se encarga. Cuando estas cosas pasan no pierdas el tiempo, adminístrate a ti mismo y di que esto no pase a mi corazón Jehová. Te entrego este dolor y esta ofensa ahora.

Pero no solo para que el, te defienda sino para que no siga en tu mente y corazón. Corre, llora y vacíate ante él. Y sé que te sentirás mejor y podrás ver a esa persona cara a cara y hasta compartir en paz en una mesa. Esto se convirtió en una estrategia.

Hay una joven de otro país que amo mucho y ella me contaba que cuando le pasaban estas heridas u ofensas ella las pasaba por alto y trataba de no darle importancia. Pero a los tres días se enfermaba de dolor en el cuerpo; le daba migraña y se sentía sin fuerza. Y era que a los tres días generaba bien la situación cuando no estaba ocupada. Cuando es el momento de pensar en ti, y es cuando por algún lado tiene que salir el dolor o la ofensa. Y el cuerpo reacciona y te pone cabizbajo. Por eso es importante inmediatamente ir donde Dios y decirle lo que te hicieron, como te sientes y que te perdone en tu oración, aunque fue el otro que te ofendió. Y después decir; yo lo perdono y lo quebranto en el Nombre de Jesús. Luego traer versículos de la Biblia que hablen del perdón.

Recuerda que debes aprender; que sentir, palpar el silencio no es la soledad. Pues puedes estar sola o solo y pensar que no hay nadie contigo y atarte con ese pensamiento que te entristece tanto que no permites que él, te hable en lo apacible del silencio. Otra estrategia de oración, COMUNION..

BATALLANDO EN EL ESPÍRITU

Hoy a las 2:00 a.m., me puse a orar en mi cuarto de oración. Sentía que iba ser bien peleado. Ya que en algunos momentos sentía que en el cuarto se había tornado frio. Así que seguí usando la llave de la adoración que Dios me había entregado. Cantaba canticos inspirados por mi corazón y direccionados por el Espíritu de Dios. Me decía que cantara y el cuarto empezó a ponerse a su temperatura normal. Sentí que el abrigo de Jehová estaba conmigo, mientras reprendía las cosas que se querían levantar en contra de mi. Para que yo no orara y no recibiera la bendición que Dios tenia para mí. Así que sabía que tenía que pelear en el Nombre de Jesús, no importando lo que pasara. Tenía que continuar. Era una situación donde sabes que Dios quiere probarte que él está contigo y que nada que no sea de él pueda tocarte. Y Que él te ha dado autoridad. Así que seguí reprendiendo después de la alabanza, reclamando su sangre y su poder.

Luego de un largo tiempo de adoración. Me mostraba un avión chocando con un edificio grande en Worcester. También me ponía a orar por una hermana que vive ahí. Y me decía que compráramos velas, gas para las estufas pequeñas de emergencia ya que todo Worcester se quedaría sin luz por un largo tiempo. También me habló de comprar mucho café. Veía paquetes de café de diferentes colores y cantidades. Para que se pudiera usar, aparte de tomarlo. No se para que mas pero lo investigaré. Seguí diciéndome que no paráramos de seguir guardando comida en lata y medicina.

Empezó a fluir el Espíritu de Dios en una manera poderosa y empecé hablar en lenguas ya que me disponía a arrodillarme para seguir orando. Luego de adorar, clamar, cantar y reprender. El Señor me decía que orara de pie intercediendo, pero en lenguas. Me acordaba que Dios una vez había tocado a la iglesia de la misma manera en un clamor que tuvimos. Le preguntaba a Dios y como aguantaré orar por todo lo que oro en lenguas como tu quieres que haga. Pero el espíritu me tomó fuertemente y las lenguas comenzaron a fluir cada vez pensaba en mi corazón lo que iba orar. Fluían las lenguas, era una fuerza del Espíritu de Dios impresionante, se movía a tal manera que pensaba que me iba a morir. Mis fuerzas humanas se acababan. Pero el Espíritu de Dios se movía en una manera tan fuerte en mi cuerpo que al principio pensaba que no lo lograría. pero Dios y su Espíritu Santo hizo que lo lograra. Cuando regresé a dormir ya eran las 5:30 a.m. No pensé que había pasado tanto tiempo. Así que me acosté y que creen no pude quedarme dormida hasta después de las 7:00 a.m.

NO PODRÁS CONSTRUIR CON ESCOMBROS DEL PASADO

El Señor me dijo; que estuviera en ayuno y así lo hice. Ya hacían varios días que no había estado en ayuno y mi cuerpo había descansado. Pero aun así se habían presentado grandes batallas. En el momento de la oración, veía algunas cosas que querían infundir miedo y no podía entender. Después de esas oraciones dirigidas por él, también haber cancelado y quebrantado maldiciones porque venían ciertas persecuciones. No podía entender porque terminaba cansada mentalmente.

Cantaba, adoraba y luego me iba de rodillas a orar. En la oración tenia paz, pero en la adoración, también sentía la presencia de Dios y que tenía que clamar más fuertemente, para que en el Nombre de Jesús todo lo que no fuera de Dios se rompiera. En ese momento Dios vuelve y habla a mi vida. Y vino el pensamiento de que había que quebrantar por los pecados de mis antepasados en el Nombre de Jesús y por cada punto que me había revelado. Pero lo que no hice fue decirle que me limpiara, me santificara y que sacara todo lo que tuviera que sacar de mi. Después el Señor me habló de todo lo que se había roto y quebrantado en su nombre. Pero me decía que ahora había que limpiar los escombros del pasado. Así lo hice. Y los ataques se fueron.

No podemos construir algo grande y poderoso si no limpiamos lo que hay primero en la propiedad. Aunque sea lo que dejaron los propietarios de antes.

Aunque esas cosas tenían una raíz que eran mis antepasados, habían maldiciones que tenían que ser rotas y había que limpiar.

Es como un doctor que hace una gran cirugía y después que termina verifica la operación de que no quede ninguno de los instrumentos de la operación dentro del cuerpo. Aunque la operación hay que verificar ya que si queda algo la situación del paciente puede empeorar.

Salmo 44:1-3

1 Oh Dios, con nuestros oídos hemos oído, nuestros padres nos han contado, La obra que hiciste en sus días, en los tiempos antiguos.

2 Tú con tu mano echaste las naciones, y los plantaste a ellos; Afligiste a los pueblos, y los arrojaste.

3 Porque no se apoderaron de la tierra por su espada, Ni su brazo los libro; Sino tu diestra, y tu brazo, y la luz de tu rostro, Porque te complaciste en ellos.

LO QUE HA PASADO CON EL GOBIERNO

Había estado descansando un poco, ya que había tenido varias batallas pero entre ellas una especial a la salud. Así que decidí quedarme un tiempo en cama. Luego en la noche me dispuse a orar. Entré a mi cuarto de oración quería poner alabanzas. Pero tomo la decisión de poner una predica de un predicador de Puerto Rico, de su testimonio. Empecé alabar en el momento de la oración. Sentí una opresión que me quería atacar mi salud. Así que reclamé los versículos de sanidad. Y reprendí y todo se fue.

Seguí orando y a profundizar en mi oración. Volvía y se hacia difícil, pero lo estaba logrando. Cuando caigo en la profundidad de la oración, tuve una visión de un bebe como de unos 3 meses en una cuna y al lado de su carita un centavo, me angustié un poco. Pero a la misma vez el Señor me ponía a orar por personas que nunca había visto en mi vida. Rápidamente oré por el niño que había visto en la visión, pensando que quizás estaba en peligro de asfixiarse o que algún hermanito más pequeño le pusiera el centavo en la boca. Ya que era un bebe y podía morir.

Empecé a reclamar protección por la criatura inocente. Y que nunca se pusiera ese centavo en la boca. Luego vi el mismo bebe de la misma manera, más gordo y como de 2 meses al lado del mismo centavo cerca de su carita en el colchón. Pude entender que esa visión no se trataba de un simple bebé, sino de una visión de revelación de Dios que me quería mostrar. La cual tenía un sentido profético. El centavo no estaba de cara, solo tenía la cara de Abraham Lincoln y decía IN GOD WE TRUST y al otro lado decía LIBERTY. También veía el monumento de Abraham Lincoln y me impactaba tanto que no me importó la hora que me puse a investigar que era este dibujo del centavo que tantas veces usamos, pero que realmente no conocemos su significado. Me decía a mi misma; Dios aquí hay algo poderoso que tu quieres que yo sepa y escriba. Y que también hable a tu pueblo.

Así que comencé a investigar esa misma noche un poco. Como por ejemplo; que era esa supuesta casa que yo veía atrás del centavo. Hay descubrí que ha sido cambiada varias veces.

La primera hace muchos años se llamaba orejas de trigo. Luego el juicio de Hameptmann. Después el que vi en la visión monumento de Lincoln y otros mas como la casa de Lincoln en Kentucky. Años formaticos en la Indiana. Vida profesional en Illinois. Su presidencia en Washington D.C., y por último el escudo de la unión. Este monumento de la foto que lleva el centavo fue hecho en el 1922 en Washington D.C., Estados Unidos. En el cual lleva dos discursos muy importantes.

1. Discurso de Abraham en Gettysburg
2. Martin Luther King/ yo tengo un sueno

La estatua se retiro en el 1919 y se
volvió a poner en el 1923.

En el principio de esta visión pensé, que ese monumento representaba el gobierno de los Estados Unidos y que por no obedecer cuando tenían una base cristiana, temor y honra a Dios ellos se desviaron. El centavo representaba cosas grandes que ellos han visto en poco o en nada. El niño significaba la miseria que vendría creciendo. Pero yo seguía estudiando y sobretodo pidiéndole a Dios su revelación. Que los Estados Unidos no le pase como el sueño de Nabucodonosor. Un reino más grande que lo derrumbaría por no creer en el Dios inconmovible.

CAÍDAS DE LOS QUE DIOS PUSO EN ALTO

Dios solo te pido dirección en cada momento para hablar cada cosa que tu quieres que yo hable. Que nos preparemos como tus obreros, como tus siervos y humildes ovejas. Para sentir tu sublime espíritu y que tu misericordia nos cuide en estos momentos difíciles del coronavirus sea para conocerte mas Espíritu Santo, Dios real, Dios eterno. Te amo. Ilumíname para hacer el puente entre tú y las vidas. Te amo, mi rey, mi Dios y mi Señor.

Hoy en la noche en mi oración la cual fui de nuevo a pelear y Dios dándome la victoria. Dios me dio paz. Yo estaba clamando y intercediendo por todo el cuarto. Y decía aun amanecía como estaba Venceré. Luego con mis ojos cerrados vi una gran luz como un fuego enorme. En ese momento abrí mis ojos, ya que fue algo tan real, pero tan real. Que me dije; algo en el cuarto cogió fuego.

Luego vi que se prendieron dos antorchas al lado izquierdo y derecho de mi banco de oración y escuchaba una voz que me decía; TE HE DADO LA VICTORIA. Después vino a mi otra visión de un ministro que estaba en la apostasía. Había empezado bien y termino mal algo horrible. Todo para él era dinero y el Señor me lo mostraba en completa miseria con ropas rotas. Ojalá que se aparte de ese camino. Para que Dios tenga misericordia.

Luego en la noche le pedía en mi momento de oración que me interpretara la visión de aquel niño en la cuna, junto aquel centavo. Seguía orando y su Divina presencia estaba conmigo en todo momento. Puse adoración y lloraba, bajo su gloria. Era algo muy hermoso. Pero volví y le preguntaba que me dejara saber el significado de aquella visión. En ese momento vi la cabeza de una persona y en su cabeza habían unas uvas muy hermosas, grandes y jugosas. Pero venían unos cuervos y se las comían de la cabeza de ese hombre. Eso me hizo recordar la historia en la Biblia de José cuando estaba preso.

Génesis 40,41

La interpretación eran dos visiones en una. El niño que crece es la necesidad que crecerá en los Estados Unidos, por no poner a Dios en primer lugar y aprobar tanto pecado. La economía caerá. Y el presidente y el gobierno lo saben, mas no lo dejan saber. El hombre que veía con ropa sencilla, con unas uvas en la cabeza es la nación de Estados Unidos que los están engañando con un cheque que será entregado para la comida. Pero abra una gran necesidad y el dinero se irá como si nada.

Por eso rápido que aparecieron las uvas en la cabeza del hombre los cuervos se las comían. Al principio el rostro de este hombre se veía contento. Pero luego llegaban los cuervos rápidamente se peleaban por las uvas y se las comían. Y después fue que Dios me mostro su ropa sencilla y pobre. Gracias, Dios por la interpretación.

TUS PROPIAS EXPERIENCIAS EN TU PROPIO TERRENO

Me fui al cuarto de oración a orar. Y lloraba, y lloraba en la presencia de Dios. Su gloria había bajado y sentía que cada día vencía una batalla diferente. Le pedía a mi Señor poder decir cada cosa que él me rebelaba y experiencia. Al igual que cada enseñanza a mi vida.

Quizás se preguntarán; Porque no abunde
en explicaciones sobre estas batallas
espirituales?

Pues porque Dios no quiere . Ya que este libro no es para dar lugar a lo que no se debe dar. Cada persona tendrá sus propias experiencias en su propio terreno donde Dios los envíe a pelear atreves del ayuno y la oración.

En estos últimos días Dios me ha estado revelando cosas con el gobierno de los Estados Unidos y su población. En la mañana al terminar la oración le pedía misericordia por esta grave situación de este Virus. Y en ese momento Dios me tomó y volvía; lloraba y lloraba y empezaba hablar en lenguas. Y me decía; que aun con lo que estaban pasando las personas no se humillaban. Y no pedían perdón y no se arrepentían de sus pecados. Porque mi pueblo no me obedece.

El me habla y yo hablaba esto en lenguas. Pero al finalizar la oración tuve una visión donde vi el rostro del presidente. Solo veía su rostro en una oscuridad en el universo. Y pedazos de partículas que caían como si algo hubiera explotado.

LAS VISIONES CONTINÚAN

Dios me da la interpretación de la visión. Cuando vi al presidente con su cara enorme en el espacio y fragmentos que explotaban y caían como estrellas. Era que así dejará el gobierno de los Estados Unidos al país. Una catástrofe, miseria, necesidad, rivalidad y problemas grandes que solo Dios con su ayuda podrá, ayudar al próximo presidente. Luego de eso empecé a orar. Pero esta vez cambié de estrategia pues adoraba y cantaba solo yo. Después intercedía, clamaba y proclamaba. Porque aunque descansaba dos días y volvía y ayunaba, me sentía cansada. Hay en ese momento decidí poner música de alabanza y adoración. Fue un gran refrigerio. Cantaba pero con tan solo la música sentía una presencia de paz infinita y unos ríos de agua viva que me llenaban completamente.

El Señor me hablaba que no me preocupara por los lugares donde tendría que predicar. Que aunque el coronavirus había afectado todos los viajes al extranjero, yo estaba en el momento perfecto de Dios y sus planes. Que él, me bendeciría grandemente aun en la situación que ocurriría en el mundo. Que espiritualmente, ministerialmente y económicamente seria bendecida.

Venía a mi mente un mensaje que había escuchado que administro mi vida. Y el tema era; De la esclava de Sara. Como la echaron con su hijo y solo se había llevado un cántaro de barro con agua. El cual como sabemos no fue suficiente. Y su hijo por poco se moría. Pero ella lo pone debajo de un árbol para no verlo morir. Se le aparece Dios abriendo una gran fuente de agua en medio del desierto. Para mí el me decía; que esta plaga bajaría y las cosas empezarían a normalizarse. Que para Junio yo no viajaría hasta Agosto solo, el sabrá. Entiendo que los misterios de Dios son grandes y sumamente poderosos. El cual el no los revela en su perfecto tiempo y es cuando comparte el porqué de las cosas.

Me mostraba el rostro de una de las esposa de un familiar que perdía la visión en uno de sus ojos por situaciones de desobediencia a Dios. También me decía que oráramos por fortaleza para una hermana de nuestra iglesia que perdería un familiar.

Aunque había muchas cosas que Dios me las estaba revelando, había otras que él no quería que mencionara. Ya que las personas pararían de arrepentirse y acercarse a Dios. Tampoco quisiera pasar por alto que por varias ocasiones he mirado mi banco de oración que se encuentra en mi cuarto y veía un hombre un poco robusto con su tallit y otro hombre más delgado al otro lado con barba y vestiduras azules, blancas y color café claro. Cada uno al lado de donde se encontraba mi tallit y el de mi nieto. Le veía cuando salía del cuarto de oración. Pero en un momento solo veía a uno de ellos al lado de la puerta. Cuando profundice en esta visión le pregunté al Señor que quienes eran. Y él me dijo; que uno era Moisés el que estaba al lado de donde estaba mi tallit y el otro era Elías. Pero que el que veía al lado de la puerta era Moisés. Le volví y le pregunte porque veía esta visión que no podía entenderla. Pero que sabía que era algo maravilloso, ya que anteriormente en nuestros cultos en la iglesia en visión llegamos a ver Judíos sentados en las sillas.

El Señor me decía; el espíritu de Moisés un gran líder de Dios. Y Elías un gran profeta de Dios. Los dos que como ellos no hubieron otros.

Pero muy impactante que Dios me los mostrara en una visión en mi cuarto. Pero sabes que cuando ascedes en darle el tiempo a Dios y querer ser amigo el Espíritu Santo de Dios se encarga de orientarte y aun en las pequeñas cosas.

Por ejemplo le pregunte a mi Señor que cuando podría compartir con unas personas que amo profundamente y han sido en Cristo en lo personal una segunda familia para mí. Ya que en un momento todos estuvieron enfermos. Y aunque no era el coronavirus, era un virus fuerte y contagioso que no era bueno para mí y mi nieto. Ya que vivimos en el mismo edificio. Anhelaba bajar o que ellos subieran para compartir en este momento tan difícil. En un momento mi intención era bajar un Sábado a visitarlos. Pero el Señor en ese momento me dijo que no fuera, que bajara el Martes. Y solo respondí; Ok, Dios tu eres el que sabe todas las cosas.

SE NECESITAN INTERCESORES PARA LA VICTORIA

De madrugada Dios en medio de una oración y el clamor, Dios me trae una enseñanza a mi vida. En la cual que yo como prebistera y las cosas que Dios demandaba de mi tenía que tener personas de oración, por lo menos un día a la semana intercedieran por mi y los libros. Que no solo esperaran que viniera un viaje para mi agenda planeada por meses o años para orar una o dos semanas antes. Nuestra iglesia estaba fallando en eso. Con motivos o sin motivos, con planes o proyectos o sin ellos debe la iglesia y los intercesores orar y ayunar por sus pastores. Ya que ellos son los que pelean y dirigen la congregación en lo espiritual. Sin dejar de ser seres de carne y huesos. Muchas veces vemos pastores en victoria, pero no siempre es por el clamor u oración del pueblo. Si no por ellos y su búsqueda con Dios. Y esto hace todo más pesado. A veces a los miembros de las iglesias se les olvida que esas personas que oran, que profetizan, que vigilan en ayuno y oración, que las llaman y están hay. Debemos recordar que el pastor come como ellos, duermen como ellos y tienen sentimientos, familias, pruebas, peticiones y necesidades como ellos. Jamás sentirás la carga de ellos o dolor. Ya que solo queremos lo que necesitamos. Y no oramos con lealtad y fidelidad a Dios por ellos. Para que una iglesia sea bendecida y con buenos muros de protección por la iglesia, familia pastoral y lideres debe ver un buen hábito de oración.

UNA IMAGEN DEL REY NABUCODONOSOR

Luego de una vigilia me fui a orar. Sentí mucho conforte del Espíritu Santo de Dios. Y cada pregunta que tenia de lo que el quería que hiciera fue contestada. Luego de una profunda conversación con mi Dios, me muestra una imagen muy grande y veía como caía en el piso, como aquella imagen que veía el Rey Nabucodonosor. Y como se partía por la misma mitad. También veía como unos pies enormes lo pateaban. Eran los pies del Señor. En ese momento el Señor me decía que eso iba hacer con el reino y poder del hombre. El Señor traía a mi mente cuando Daniel expresaba el sueño revelado que permanecía un reino más poderoso y grande. Y era el reino de Dios. (Daniel 2)

Después de eso me dijo; Marilyn, Sodoma y Gomorra se restauran. Al principio me alegre. Pensaba que el mundo se arrepentiría de sus inmundicias y pecados. Pero luego me decía a mi misma restaurar. Restaurar solo se restaura algo roto, algo que ya estaba edificado. Ahora la palabra arrepentirse o se postrara es otra cosa.

Así que me entristecí porque esto significa que aunque ha pasado todo esto del coronavirus aquellos que no quieran buscar de Dios, el enemigo los pondrá peor y mas rebeldes. Y Dios tendrá que hacer lo que tenga que hacer. Ya que su palabra no cambia. El ama al pecador, mas no el pecado.

La Biblia dice en Génesis 18:16-33
Que Dios le reveló a Abraham que destruiría a
Sodoma y Gomorra, por medio de fuego y azufre.
Porque su pecado era muy grave e irreversible.
Y que solo Lot y su familia serian salvos.

CRITICAS QUE TE LLEVAN A OTRO NIVEL

Apenas había dormido el día antes. Estuve escribiendo todo el empezar de este libro con mis preguntas e incógnitas. Si ya había terminado y si Dios quería que parara y fuera el final. Para hacer todos los procesos que lleva escribir un libro. Pero Dios no me daba aun la respuesta.

Había sido un día agotador mas tenía que predicar en vivo por internet. Y no sabía como Dios lo dirigiría. Terminando mi día llegó la noche y prediqué. Dios derramó una gloria poderosa. Donde hubieron grandes sanidades y movimiento del Espíritu Santo impactante. Una atmósfera preciosa.

Luego el Señor me dijo; que orara. Por las dos siervas que estaban conmigo. Así que me fui al cuarto de oración y oré y cancele en el Nombre de Jesús todo lo que se quería levantarse en contra de ellas. También oraba por una de ellas cancelando todo espíritu de tiroides sobre ella y que velaran mucho. En ese momento Dios me llevó a orar por mi niño que también se encontraba con nosotros. Y que lo había sanado y que no iba a necesitar ninguna pastilla del día. La gloria de Dios bajo poderosamente.

Y me dijo que muchos llegaran sanados. Que muchos de mis cercanos se burlaban y me criticaban del propósito de Dios en mi vida. Pero que él se iba a burlar de ellos. Cuando pase todo lo que ha de ocurrir en mi vida. Y esa misma noche el Señor me acordó que tendré que darle una palabra a un siervo que se encontraba en peligro, ya que había sido tocado por el coronavirus. El Señor me decía que fuera y le diera la palabra al día siguiente a las 9 a.m. Le dije al Señor; que estaba muy cansada y que si podía atrasar la hora ya que me acababa de acostar a las 4 a.m. y no le quería fallar. Humanamente me será imposible solo él, que me levante.

PERDONANDO Y BENDICIENDO

Bueno, que creen a las 8:30 a.m., mis ojos se abrieron y supe que definitivamente era Dios. Me puse de pie y cumplí mi misión que me había otorgado. Para mi sorpresa en ese mismo momento, le habían dado la noticia a la misma persona que todo continuaba. Ya que algo muy importante Dios quería trabajar. En la noche y me dispongo a orar. Para después acostarme. Adorando y glorificando entre a la profundidad de su gloria. Y el Señor empieza a trabajar y traía episodios de mucho tiempo de mi vida. Y que los mencionara no solo que dijera que los perdonara, sino que los bendijera y que fueran grandemente bendecidos. Fueron muchos los que tuve que bendecir. Oh, no sabes lo bien que se siente que perdonemos.

Pude entender en este tiempo de retiro con Dios, que el corazón del hombre es un castillo. Donde puedes pensar que todo está claro, limpio y en orden. Pero en una biblioteca o closet se abre una puerta secreta que te lleva a un lugar secreto donde nadie ha podido entrar, y ha sido tan normal para la vida de las personas que se acostumbraron a ellas. O a ese lugar secreto bien escondido donde nadie sabe o ve. Pero esta ahí y solo es el presente y importante para ellos. Entre esos acontecimientos pude ver errores que había cometido en el evangelio o antes de estar en el evangelio solo por calumnias y comentarios hirientes de las personas que quedaban en mi corazón. Pero sabes perdona, sana y olvida. Ten paz y que te importe lo que Dios opine de ti. Y que estés haciendo las cosas como la Palabra de Dios te diga. Que el Espíritu Santo de Dios se vea en ti y los frutos del espíritu. Sabes me imagino que en la relación de Dios con la naturaleza y los animales esto no existe. Ya que todos son creados por Dios. Su belleza y su gran imaginación. Te imaginas si una planta de espinas de moriviví que inca, está en el suelo y luego se cierra. Y le dijera; la flor para que sirve ella, si es hermosa. Pero si no se cuida muere. O por el contrario la flor dijera a la mata de espinas no se para que Dios te creo tan espinosa y fea. No eres necesaria como yo. Pero ambas creadas por Dios y amadas por él. O un león le dijera a un ratón que es feo y sucio. O que no es como él y que no tiene ninguna importancia. Y que hablaría con Dios para que lo hiciera león como él. Pero esto no sucede. Porque en la relación con Dios y la naturaleza y los animales hay un gran respeto y obediencia. Ya que saben que fueron creados por el dador de la vida. Son importantes y obedientes. Nadie hace sentir mal a nadie aunque seas una planta de espinas. Aunque seas una rosa o un insecto. Porque son importantes y creados por Dios con un propósito. Y no importa que tu opinas de una mosca o donde allá parado. Seguirá siendo mosca, por más fea y desagradable se vean.

Mi nieto le encantan los animales del océano como los tiburones. En cambio yo les tengo pánico ya que se comen gente inocente. Pero no importando lo que yo opine. Mi nieto nadie lo cambiara de opinión. Y mucho menos el tiburón ya que el seguirá siendo tiburón, no importando lo que yo opine. Los animales tienen su propia identidad y nada los cambiara. Por más que trabajes en un circo, un León si lo dejan de alimentar en un momento atacará como un León de la selva. Atacará para comer. Porque esa es su identidad León.

Bueno asume tu identidad y que solo sea Dios y tu.
Vive para Dios y su palabra. Recuerda ellos fueron solos
los que obedecieron en el diluvio y se salvaron. Suelta
el dolor, asume tu posición y deja el pasado atrás.

TODO EN EL MOMENTO PERFECTO DE DIOS

Estaba orando y su gloria bajó poderosamente. Mi amado, Dios de gloria, mi padre y madre, mi rey, mi esposo y mi Señor de Señores. Mientras le adoraba bajó algo tan precioso que empezaron a fluir lenguas en mi. Y me hablaba diciéndome en varias ocasiones que me había limpiado y cuidado.

Y me traía.

Gálatas 3:15

15 Hermanos, hablo en términos humanos: Un pacto, aunque sea de hombre, una vez ratificado, nadie lo invalida, ni le añade.

Proverbios 4:13

13 Reten el consejo, no lo dejes; Guárdalo, porque eso es tu vida.

Luego me decía que me harían una invitación y que la aceptara que el cuidaría de mi. Pero en ese momento venia a mí el Libro Manases en ingles, que yo había enviado a algunas personas. Era impactante. Ya que estamos viviendo momentos difíciles con este coronavirus. Pero solo venia a mi mente el momento del congreso que yo tenía para California. Cuando apenas estaba empezando el virus.

Pero le dije al Señor; que si creía que podía correr
algún peligro que pasara algo que lo detuviera.

Así fue a los dos días de haber hablado esto con Dios. Me llamó la sierva que estaba a cargo y estaba en desacuerdo donde se tenía planeado. Ya que todo lo habían cambiado de como Dios lo quería. Ella sabía que Dios no fluiría así. En ese momento yo hablé con la sierva y le dije; tranquila. Que yo también compartía su opinión. Pero que no se angustiara. Porque eso era de Dios. Que él me estaba guardando.

Dios es bueno. Le expliqué lo que yo le había dicho al
Señor, mi padre. Y Dios tomó el control de todo. Así que
ese mismo Dios tomará el control de mi vida. Y cuidará de
mi donde sea. Solo Dios sabe. Solo esperar y confiar en él.

Esta semana había un soplo de paz glorioso, donde Dios me mostró mientras oraba, su imagen. Vino a mi mente, y es curioso en una de las ocasiones al lado, otras al frente y otras veces en mi mente. Me preguntaba si sería que él me estaba enseñando que cada vez me estaba acercando mas a él. Solo él lo sabe y en su momento perfecto lo explicara. Pero mientras oraba de rodillas venia su imagen a mi mente. Y luego vi una mujer hermosa, muy humilde con ropas Judías. El viento hacia que su velo y el filo de su traje el viento lo elevara. Veía también algo en el área del frente de su velo, como un diamante. Era un adorno.

Pero en ese momento el me decía; que había derramado el espíritu de Hulda.
En ese instante Jehová me daba a entender que el gobierno tendría que escuchar las profecías y consejos de Hulda. Para que hubiera oportunidad para los Estados Unidos y arreglara su relación con Dios.

Hulda era una profetisa, esposa de Salum, guarda del guardarropa sacerdotal o real del Rey Josías en Jerusalén. Todo lo que la Biblia habla de Hulda se encuentra en; (2Reyes 22:11-20 y 2 Crónicas 34:22)

ALABANZA EN HEBREO

Dios había hablado que quería a toda la iglesia en ayuno y oración. Empecé con oración y se podía sentir una presencia de intimidad con Dios muy grande. Al terminar de orar y leer la Biblia. .

El Espíritu de Dios me llamó y me dijo;
que me quedara más tiempo y le adorara.

Fue una de las experiencias más hermosas de mi vida. Sentía que Dios tomaba mi mano como un esposo o un enamorado novio que disfrutaba estar con su novia conociéndose y hablándose. Donde sus horas pueden ser interminables y sin espacio de tiempo. De pie en el cuarto de oración empecé de nuevo adorarle y la unción que cayó fue suave y profunda. Como si no hubiera cuarto de oración. Puedes tomar tiempo y tu espíritu Dios lo tomara. Y no tienes control de ti. Porque él tomo todo mientras le adoraba.

Comencé a cantar y a hablar en lenguas. Cantaba una melodía en Hebreo que jamás en mi vida había escuchado. Entre esa alabanza llamaba los diferentes nombres de Dios; El Elohim, el Shaddai, el Rabí y el Shalom. Todo era en lenguas. Mas otras palabras en Hebreo que nunca antes había oído o pronunciado. Veía también a Job lleno de llagas con su enfermedad en la piel. Veía un sacerdote con sus piedras en el pecho y sus vestiduras ofreciendo incienso en el lugar santo del Tabernáculo. Donde solo los sacerdotes entraban y si su condición era mal ante Dios. Dios los mataba. Y luego veía al sacerdote ofreciendo sacrificios a Jehová. Pero en mi cantico Hebreo yo decía; que Job nunca había pecado, pero yo si quería ser limpia. Para ofrecer incienso ante él y sacrificios. Que me limpiara en el Rio del Jordán.

Sabemos que el Rio del Jordán era el más feo y poco limpio que había. Donde mandaron a sumergirse aquel soldado por lepra siete veces. Pero en mi alabanza en Hebreo yo no veía llagas, sino lepra. Su gloria bajaba y no podía parar y tampoco quería. Que esa presencia maravillosa de Dios se fuera. Después vi una página y era de donde estoy escribiendo este nuevo libro. Decía FIN con letras muy grandes. Entendí que este sería mi último capítulo para Dios en este libro.

Cuando la alabanza termino aun orando por otras personas. Cantaba lo mismo y repetía y repetía el "Rosh Ha Shana". El nuevo año Judío. Yo repetía y repetía esta palabra. Y luego Dios me narraba en visión todo lo que el Espíritu de Dios me daba a cantar. Cuando investigué que era la palabra que yo repetía. La busque por el sonido que mi boca pronunciaba y por su sonido la identifique. La palabra era "Rosh Ha Shana" que significa el nuevo año Judío- 5777. La festividad del año nuevo Judío y comenzaba con la primera estrella de la tarde. Que es para ellos el primer día que Dios creó el mundo. Y los hombres Judíos empiezan su celebración pidiendo perdón por sus pecados. Y declarando un año bendecido por encima de todo lo material. El día del toque del Shofar lo que trae a mi mente es pensar como estuvo el mundo en el año 2016 y que ha perdido hasta ahora.

Espero en Dios y su infinita bondad que cada momento y espacio de tiempo tomado por Dios en mi vida de experiencias, enseñanzas, visiones y reflexiones sean de bendición a tu vida. Ya que el Cristo de gloria así ha dicho que será. Declarando que cada página de mis vivencias con el Espíritu Santo de Dios crea una hambre y sed de Dios cada día. Y llegues a niveles de una relación con Dios. Nunca pensamos que empezaríamos por el primer ministerio, TU.

Jeremías 29:13

¹³ y me buscaréis y me hallaréis, porque me buscaréis de todo vuestro corazón.

2 Crónicas 16:11

¹¹ Mas he aquí los hechos de Asa, primeros y postreros, están escritos en el libro de los reyes de Judá y de Israel.

Salmos 63:1

1 Dios, Dios mío eres tú; De madrugada te buscaré; Mi alma tiene sed de ti, mi carne te anhela,En tierra seca y árida donde no hay aguas,

Hebreos 11:6

⁶ Pero sin fe es imposible agradar a Dios; porque es necesario que el que se acerca a Dios crea que le ahí, y que es galardonador de los que le buscan.

Mateo 7:7

⁷ Pedid, y se os dará; buscad, y hallaréis; llamad, y se os abrirá.

Salmos 34:4

⁴ Busqué a Jehová, y él me oyó, Y me libró de todos mis temores.

Salmos 105:4

⁴ Buscad a Jehová y su poder; Buscad siempre su rostro.

Isaías 55:6

⁶ Buscad a Jehová mientras puede ser hallado, llamadle en tanto que está cercano.

Lucas 19:10

¹⁰ Porque el Hijo del Hombre vino a buscar y a salvar lo que se había perdido.

Salmos 119:2

² Bienaventurados los que guardan sus testimonios, Y con todo el corazón le buscan;

Isaías 65:1

1 Fui buscado por los que no preguntaban por mí; fui hallado por los que no me buscaban. Dije a gente que no invocaba mi nombre: Heme aquí, heme aquí.

Amos 5:14

¹⁴ Buscad lo bueno, y no lo malo, para que viváis; porque así Jehová Dios de los ejércitos estará con vosotros, como decís.

Salmos 139:1-2

1 Oh Jehová, tú me has examinado y conocido.
² Tú has conocido mi sentarme y mi levantarme; Has entendido desde lejos mis pensamientos.

Efesios 6:16

¹⁶ Sobre todo, tomad el escudo de la fe, con que podáis apagar todos los dardos de fuego del maligno.

Proverbios 24:14

¹⁴ Así será a tu alma el conocimiento de la sabiduría; Si la hallares tendrás recompensa,
Y al fin tu esperanza no será cortada.

Printed in the United States
by Baker & Taylor Publisher Services